O PEQUENO LIVRO
DOS ANJOS

O PEQUENO LIVRO
DOS ANJOS

Nicole Masson

Título original: *Le Petit Livre des anges*
Copyright © 2019 por Hachette Livre – EPA
Copyright da tradução © 2021 por GMT Editores Ltda.

Todos os direitos reservados. Nenhuma parte deste livro
pode ser utilizada ou reproduzida sob quaisquer
meios existentes sem autorização por escrito dos editores.

tradução: Dorothée de Bruchard
preparo de originais: Suelen Lopes
revisão técnica: Hugo Langone
revisão: Luiza Miranda e Thais Entriel
projeto gráfico e diagramação: Gustavo Cardozo
imagem de capa: coleção particular de Albert van den Bosch
adaptação de capa: Gustavo Cardozo
impressão e acabamento: Pancrom Indústria Gráfica Ltda.

CIP-BRASIL. CATALOGAÇÃO NA PUBLICAÇÃO
SINDICATO NACIONAL DOS EDITORES DE LIVROS, RJ

M372p

    Masson, Nicole
        O pequeno livro dos anjos / Nicole Masson ; tradução
Dorothée de Bruchard. - 1. ed. - Rio de Janeiro : Sextante, 2021.
        200 p. : il. ; 18 cm.

    Tradução de: Le petit livre des anges
    ISBN 978-65-5564-212-4

    1. Anjos. 2. Espiritualidade. II. Título.

21-73527   CDD: 235.3
                      CDU: 27-167.2

Meri Gleice Rodrigues de Souza - Bibliotecária - CRB-7/6439

Todos os direitos reservados, no Brasil, por
GMT Editores Ltda.
Rua Voluntários da Pátria, 45 – Gr. 1.404 – Botafogo
22270-000 – Rio de Janeiro – RJ
Tel.: (21) 2538-4100 – Fax: (21) 2286-9244
E-mail: atendimento@sextante.com.br
www.sextante.com.br

SUMÁRIO

Prefácio 13

Os anjos, seres enigmáticos 17

"*De Consideratione*" 20

De onde vêm os anjos? 22

As criaturas da Babilônia 24

Como reconhecer um anjo? 26

As asas dos anjos 28

A hierarquia celeste 30

Os guardiões dos sete céus 33

Anjinhos, amores, querubins e cupidos 35

Desconfiança para com os anjos 38

O sexo dos anjos 40

Sexo e perfeição 42

O Anjo do Senhor 44

"Reversibilidade" 46

Quem são os querubins? 48

Qual é a aparência dos querubins? 50

Os querubins e o carro divino 51

Os mensageiros divinos 52

O que fazem os anjos? 54

A queda dos anjos rebeldes 56

Os exércitos celestiais 59

O hino dos anjos 62

O anjo da guarda 65

O Pão dos Anjos 68

O Ângelus 70

Santo Tomás de Aquino, o "Doutor Angélico" 72

Servos de Jesus no Evangelho 74

Os serafins 76

São Francisco de Assis, o "Pai Seráfico" 78

Os anjos na Idade Média 80

"O recital dos anjos" 82

Os sete arcanjos 84

São Miguel Arcanjo 86

Os milagres de São Miguel 88

O monte Saint-Michel 90

A devoção a São Miguel 92

São Rafael 94

O arcanjo Gabriel 96

Outros arcanjos 98

Os anjos e as heresias 100

A Cidade dos Anjos 102

"Passou um anjo" 104

A Missa dos Anjos 106

Dar nome aos anjos 108

O nascimento de João Batista 110

A Anunciação 112

A Natividade 114

A Ressurreição de Cristo 116

Os anjos na tradição judaica 118

Maimônides e os anjos 120

"Anjo divino, que minhas chagas acalma" 122

O Anjo de Fátima 124

Santa Francisca Romana e seu anjo da guarda 126

Os anjos e o protestantismo 128

Fra Angelico, o "pintor dos anjos" 130

O joio e a colheita celeste 132

Os pastores e os anjos 134

"No escuro da alcova" 136

Por que se diz "os santos anjos"? 138

"Os anjos musicistas" 140

O êxtase de Santa Teresa d'Ávila 142

A assunção da Virgem Maria 144

Maria, Rainha dos Anjos 146

Os anjos no Oriente cristão 148

Os anjos em socorro dos mártires 150

As vozes de Joana 152

Os anjos nos Apocalipses 154

O Apocalipse de São João 156

As trombetas do Juízo Final 158

Isidoro e os anjos lavradores 160

Cantiga amalfitana 162

Jacó e os anjos 164

São Domingos e os anjos 166

Anjos, gênios e demônios no islã 168

Maomé e os anjos 170

Os principais anjos do islã 172

Os anjos em São Paulo 174

"Anjo da guarda" 176

Elias no deserto 178

Pedro libertado pelo anjo 180

Angélica ou a "erva dos anjos" 182

Os anjos em Sodoma 184

O anjo dos mórmons 186

"O revoar dos anjos" 188

Bibliografia 193

Créditos das imagens 195

Sobre a autora 197

PREFÁCIO

Quando recebi o convite da Editora Sextante para escrever o prefácio deste livro, me senti honrado. Aprecio bastante o tema dos anjos. Ele está presente em toda a minha obra, especialmente em *Todo mundo tem um anjo da guarda* e *Viagens místicas*.

Lembro-me do dia em que estive na editora para uma reunião e me deparei com um pequeno livro francês, um belo volume de capa dura que exibia a imagem de um anjo empunhando um cálice dourado e a hóstia consagrada. Ele se destacava em meio a outros exemplares. Decidi levá-lo para ler.

O pequeno livro dos anjos é uma leitura muito prazerosa. Ele aborda, de forma resumida, pontos muito interessantes da angelologia (ramo da teologia que estuda os anjos): a origem dos anjos, sua aparência, hierarquia, relação com os santos, os anjos da guarda e os arcanjos.

Este livro se baseia, em grande parte, nas tradições e nos escritos das religiões católica, judaica e islâmica, que têm como verdade de fé a presença dos anjos em nosso mundo, em nossas vidas. Nicole Masson realizou um estudo comparado dessas crenças, valendo-se, em especial, da Bíblia.

Por ter devoção aos arcanjos, especialmente a quatro deles, gostei muito do destaque que a autora dá ao papel de cada um, baseada na tradição judaica. Ela afirma, por exemplo, que Miguel é o guardião dos filhos de Israel, Gabriel dá força e coragem, Rafael cuida da saúde física e espiritual das pessoas e Uriel ilumina os homens em meio às trevas.

Na minha caminhada missionária, observei que os fiéis têm curiosidade em saber qual a aparência dos anjos. Cuidei desse assunto em *Todo mundo tem um anjo da guarda*, comentando, em detalhes, como vejo meu anjo da guarda. Nicole também não fugiu ao tema. Depois de esclarecer que em nenhum lugar do Antigo Testamento há uma definição completa dos anjos, ela os apresenta como criaturas de corpo luminescente e feições radiantes, que surgem frequentemente em meio a uma manifestação luminosa.

Sempre os vi dessa forma mesmo. A descrição pode parecer estranha para algumas pessoas, mas, como bem explica o Catecismo da Igreja Católica, em seu número 330, os anjos são criaturas puramente espirituais, dotadas de inteligência e vontade, que são imortais e superam em perfeição todas as criaturas visíveis. Eles não têm, portanto, um corpo físico como o nosso, apesar de poderem, quando Deus julga conveniente, se materializar diante dos nossos olhos humanos.

Nicole Masson também traz muitas curiosidades interessantes sobre os anjos da guarda. Concordo plenamente com ela sobre a importância desses seres em nossa vida: eles ajudam o protegido a realizar sua salvação, velam por seu sono e o representam junto a Deus durante a noite, acordando-o pela manhã e o auxiliando na luta contra a preguiça.

Sempre defendi que os anjos não estão em nosso planeta apenas para cuidar dos homens e da natureza. O Pai Celestial designou alguns desses seres para protegerem e guiarem também as nações da Terra. Como exemplo, temos o Anjo de Fátima, que, em 1916, no Bosque de Valinhos, se identificou aos três pastorinhos como o Anjo de Portugal (notadamente, o protetor daquele país). Com pensamento semelhante, a autora explica que há anjos à frente de comunidades ou cidades.

Assim, Nicole Masson traz informações relevantes e muitas vezes desconhecidas sobre os seres angélicos, em uma leitura de fácil compreensão. Para complementar, apresenta inúmeras ilustrações belas e históricas que demonstram o interesse de artistas pelos anjos ao longo dos séculos.

Espero que desfrutem ao máximo este livro na companhia dos magníficos mensageiros de Deus!

Pedro Siqueira

*Quisera para o Sagrado Coração de Jesus,
em lugar de pregos e coroa de espinhos, uma coroa
formada pelo coração de todos os homens.*

– SÃO FRANCISCO DE SALES

OS ANJOS, SERES ENIGMÁTICOS

A invenção da litografia a cores (cromolitografia) no século XIX favoreceu a difusão das imagens religiosas. Comumente chamadas de "cromos", foram amplamente utilizadas para festejar a Primeira Comunhão na religião católica – seguindo o costume de brindar os fiéis com missais ou santinhos.

A técnica dos cromos também serviu para difundir outros temas nos anúncios das primeiras grandes lojas de departamentos, de comerciantes e empresários, atraídos por esse novo "meio de comunicação".

Livros ilustrados de cromos dedicados à representação dos anjos deram-nos a oportunidade de revisitar esses seres celestes enigmáticos. Eles chegaram a ser idolatrados por hereges, mas esse culto foi censurado pela Igreja, por se tratar de uma forma de paganismo.

Os anjos alcançaram uma dimensão universal: estão presentes na cultura judaico-cristã, no islã e nas crenças populares. A Bíblia faz alusão a eles no Antigo e no Novo Testamento, mas são os textos não canônicos, também chamados de "apócrifos", aqueles que mais descrevem a aparência, as ações e as funções dos anjos. Os que trazem informações mais precisas são os livros "intertestamentários", isto é, aqueles redigidos no período entre os dois testamentos, como o Livro de Enoque (bisavô de Noé) ou certos Apocalipses.

Essas revelações (sentido original do termo "apocalipse") dão um lugar proeminente às intervenções angélicas e descrevem com detalhes a "hierarquia celeste". Os anjos são seres protetores, além de mensageiros de Deus. Eles possibilitam aos humanos se comunicar com o invisível, em geral mostrados com asas majestosas que lhes permitem transitar entre o céu e a terra e despertam curiosidade em todas as religiões.

Sua representação tem forte origem nas pequenas divindades aladas da Antiguidade mesopotâmica e, posteriormente, foi influenciada pelo panteão greco-latino. Os mais conhecidos são Gabriel, Rafael e Miguel, os três grandes arcanjos comuns às religiões monoteístas. Os mais familiares são os anjos da guarda, companheiros do dia a dia e guardiões do sono.

Os santos anjos podem ser "eleitos" protetores de uma nação ou de um povo, e cada um deles cumpre uma missão específica, às vezes na qualidade de padroeiro dos viajantes, dos farmacêuticos, dos padeiros e confeiteiros, e até mesmo dos profissionais de rádio e televisão.

Seus poderes sobrenaturais sempre exerceram fascínio sobre os homens, que neles projetam seus medos e suas esperanças. Os incontáveis anjos formam legiões armadas no céu, que treinam para o grande combate contra as forças do Mal, Satanás e os anjos rebeldes e caídos.

Feliz da alma que, tendo sido obediente aos conselhos de seu anjo da guarda, será por ele conduzida ao céu.
– SÃO LUIZ GONZAGA

"DE CONSIDERATIONE"
São Bernardo de Claraval (1090-1153)

"Os anjos são espíritos potentes, gloriosos, bem-aventurados, distintos em suas individualidades, ramificados segundo suas dignidades, fiéis às suas ordens desde o princípio. Perfeitos em sua natureza, corporalmente etéreos, imortais e não gerados, isto é, foram criados por Deus por obra da graça e não da natureza; puros de espírito, bons em sua vontade, devotados a Deus, inteiramente castos, unânimes na concórdia, firmes na paz, dedicados ao louvor e ao serviço divinos."

DE ONDE VÊM OS ANJOS?

O termo "anjo" vem do latim *angelus*, derivado do grego *ággelos* (αγγελος), que significa "mensageiro".

No entanto, se os anjos constam na Bíblia, originalmente escrita em hebraico, por que a palavra que os designa é grega? É que a primeira versão grega da Bíblia, a chamada "Septuaginta" ou "Versão dos Setenta", traduz dessa forma o termo hebraico para "enviado", deixando subentendido "de Deus". Esse texto é reconhecido como sagrado porque, segundo a tradição, os 72 sábios reunidos produziram uma mesma e idêntica tradução grega, mesmo sem consultar uns aos outros.

No Antigo Testamento, o termo "mensageiro" é aplicado em certas passagens aos profetas ou aos sacerdotes. Assim, os anjos são definidos, em primeiro lugar, por sua função: vir do céu visitar os homens para anunciar-lhes as intenções divinas.

O estudo comparado das religiões permite constatar que, em todas elas, existem seres intermediários entre o homem, limitado e mortal, e a divindade todo-poderosa. As religiões monoteístas não escapam a essa regra: os anjos estão presentes tanto na tradição judaica quanto na religião cristã e no islamismo.

AS CRIATURAS DA BABILÔNIA

A Babilônia era a capital da Mesopotâmia, situada entre os rios Tigre e Eufrates, mais ou menos onde hoje fica o Iraque. Ali nasceu o zoroastrismo, religião inspirada pelo profeta Zaratustra (também chamado de Zoroastro).

Nessa cultura, há muitas pequenas divindades aladas, como atestam as estatuetas encontradas no território iraquiano. As figuras babilônicas são representadas como monstros alados, muitas vezes metade homens, metade animais, que comumente se assemelham a leões, bois, touros e águias. Há grande semelhança entre elas e os anjos do Antigo Testamento. Algumas recebem o nome *karibu*, que decerto deu origem ao termo "querubim".

Observa-se, além disso, uma oposição entre entidades boas e más, que não deixam de ter relação com os anjos caídos apresentados na Bíblia. As culturas babilônica e judaica se influenciaram mutuamente: por duas vezes, diz a Bíblia, o rei Nabucodonosor II conquistou a cidade de Jerusalém e de lá deportou milhares de judeus. Estes só retornariam a Israel cerca de cinquenta anos depois, quando da tomada da Babilônia por Ciro, rei da Pérsia, em 539 a.C.

COMO RECONHECER UM ANJO?

O termo "anjo" se aplica a inúmeros entes celestes. Os mais conhecidos são os serafins, os querubins e os arcanjos. Em nenhum trecho do Antigo Testamento é possível encontrar uma definição completa dos anjos, com uma lista de seus atributos, nem seus nomes ou sua organização hierárquica. Os tratados sobre eles pertencem a livros um pouco mais tardios, alguns deles contestados pelas religiões monoteístas.

Na Bíblia, os anjos são apresentados como seres invisíveis que podem se mostrar repentinamente aos homens por ordem de Deus. "Anjos de luz", com corpo luminescente, feições radiantes, vestidos de branco, surgem frequentemente em meio a uma manifestação luminosa que ofusca quem a presencia. Não raro cercados de fogo, podem andar sobre as chamas. Sua aparição tem enorme impacto na vida de quem a testemunha.

Quando possuem aparência humana, os anjos costumam ser muito altos – fisicamente, estão bem distantes dos anjinhos que temos em mente! –, às vezes montados a cavalo, até mesmo usando armadura e portando uma impressionante espada.

As asas, que lhes permitem voar entre o céu e a terra, simbolizam seu caráter de seres intermediários, de origem celeste e natureza etérea, porém investidos de uma missão na terra. Graças às asas, retornam rapidamente ao céu, de onde têm uma visão geral. Não se alimentam. Não se reproduzem. São imortais.

AS ASAS DOS ANJOS

Nos textos sagrados, os anjos tendem a ser descritos envoltos em um halo branco muito luminoso. É comum também ver imagens de querubins com um halo azul-escuro que se mescla ao azul-celeste e de serafins em cores ardentes como as do fogo que carregam. De modo geral, os pintores lançaram mão dessas três cores para representar as asas angelicais.

Já Caravaggio por vezes fugia à regra. Na segunda versão de seu famoso quadro *São Mateus e o Anjo* (1602), as asas do anjo são tão escuras que se fundem à escuridão. Em *Descanso na fuga para o Egito*, vestido de branco e de costas para o espectador, o anjo exibe asas pretas, de pombo ou de águia, extremamente realistas; no provocativo *Amor vitorioso*, veem-se as mesmas asas sombrias de pássaro.

Rembrandt, igualmente, recorreu a esse artifício ao evocar o sacrifício de Isaac por seu pai, Abraão, que tem o braço retido por um anjo. Já muito se comentou também sobre a ambiguidade do preto e branco, uma vez que a representação sombria sugeriria o anjo caído, o demônio.

A beleza do anjo assinala, às vezes, esse caráter ambíguo do encanto, que pode ser tanto benéfico quanto funesto. Como exemplo, temos o "Anjo Azul", cabaré de má fama em que canta Marlene Dietrich no filme de mesmo nome (1930).

Outra faceta apresentada, que se afasta mais do lado humano, é a dos anjos com as asas cobertas por olhos, simbolizando sua visão perfeita e ilimitada.

A HIERARQUIA CELESTE

Distinguem-se nove ordens angélicas, divididas em tríades. Em grego, o termo "hierarquia" significa "governo sagrado".

A primeira hierarquia fica junto de Deus e compreende, em ordem decrescente de perfeição, os *serafins*, braseiros divinos; os *querubins*, que refletem a plenitude da sabedoria; e os *tronos*, que são a sede de Deus em sua glória.

A hierarquia intermediária é responsável por governar. Inclui, em primeiro lugar, as *dominações*, que têm a preeminência e transmitem as ordens; em seguida vêm as *virtudes*, que atuam supervisionando; por fim, tem-se as *potestades*, que desfazem os obstáculos e mantêm os demônios a distância.

A última hierarquia possui funções limitadas: compreende os *principados*, que estão à frente das nações; depois os *arcanjos*, que anunciam os grandes acontecimentos aos humanos e protegem as pessoas que desempenham funções relevantes para a glória de Deus, como o papa, os bispos e os sacerdotes; e, por fim, os *anjos* propriamente ditos, que podem estar à frente de uma comunidade ou cidade e guiam uma pessoa em particular.

A Bíblia menciona principalmente as miríades de

O Deus dos anjos se fez homem para que o homem se alimentasse com o Pão dos Anjos. – SANTO AGOSTINHO

anjos, as legiões celestes, os querubins, os serafins e os arcanjos Miguel, Rafael e Gabriel.

Outros textos sagrados cristãos citam as classes de anjos (arcanjos; tronos; dominações ou senhorias; principados ou arcontes; virtudes ou autoridades; potestades), mas sua ordem não é fundamentada no poder, e sim na proximidade com Deus.

OS GUARDIÕES DOS SETE CÉUS

Obras não oficiais, chamadas "intertestamentárias", se encarregam de organizar as legiões de anjos e atribuir-lhes espaços de atuação e funções específicos. A teoria varia de texto para texto; os místicos retomam, comentam e corrigem um ao outro. Seria inútil descrever todas as variantes. O fato é que a ideia de uma hierarquia e de uma organização celestes em torno de Deus se impôs tanto na fé popular e na pintura quanto na reflexão dos Padres da Igreja, eminentes cristãos que sistematizaram e interpretaram o depósito da fé da Igreja Católica durante os primeiros séculos.

No geral, mesmo havendo variações em torno de números e detalhes, pode-se dizer que a hierarquia celeste se traduz geograficamente pelo lugar que os anjos ocupam nos sete céus, dispostos em círculos concêntricos. Há 72 reinos celestes e existem sete palácios no sétimo céu (o céu que é citado de forma figurada para se referir ao auge dos prazeres profanos). E a entrada dos palácios é vigiada pelos anjos.

Tudo isso pode soar anedótico ou até folclórico, mas é também base de uma interpretação mística: a iniciação da alma consiste em subir de um céu a outro, com a ajuda dos anjos. Para transpor cada porta, é preciso apresentar selos de proteção e enunciar frases complexas. E, nessa ascensão mística da alma até o local em que trona Deus, os arcanjos Miguel, Rafael, Gabriel e Uriel cumprem um papel essencial na condução do iniciado.

ANJINHOS, AMORES, QUERUBINS E CUPIDOS

Quando se fala em anjos, muitas vezes a primeira imagem que vem à mente é a de anjos pequeninos com carinhas de bonecos, os cabelos cacheados, sorridentes e bochechudos. Em geral, os vemos com um par de asas, às vezes com flecha e aljava, ou de olhos vendados. Já não se trata, no entanto, de anjos religiosos, mas da fusão de vários seres alados de diferentes tradições culturais.

A mitologia greco-latina, por exemplo, conta com inúmeras divindades aladas, desde Eros ou Cupido (deus do Amor), passando por Hermes ou Mercúrio (deus do comércio), com seus pés alados, e Nice (deusa da vitória). As asas representam a capacidade de se mover muito rapidamente e se alçar até os céus. E assim essas representações foram se misturando entre o profano e o sagrado, o mitológico e o religioso.

Cupidos e amores (divindades infantis subordinadas à deusa Vênus) não são os mensageiros de Deus na terra, mas criaturas que transmitem mensagens entre enamorados, sejam de sofrimento ou de desejo. Ornamentos arquitetônicos que representam anjinhos rechonchudos, conhecidos como *putti*, não têm mais nada a ver com os seres bíblicos. A origem divina ficou bem longe!

Nós nos deparamos com essa mistura de tradições na festa de São Valentim: diz a lenda que Valentim, santo mártir, inspira os apaixonados e os guia na escolha de sua cara-metade. Na sua data é comemorado o Dia dos Namorados em diversos países e se trocam presentes e cartões que, muitas vezes, trazem anjinhos e cupidos.

*Feliz Ano Novo.
Com sincera amizade,
Adelaide*

DESCONFIANÇA PARA COM OS ANJOS

As religiões monoteístas se mantiveram sempre vigilantes em relação ao culto dos anjos, por temerem que tal devoção reintroduzisse uma espécie de politeísmo.

Os Padres da Igreja Católica assinalaram, sobretudo, o papel singular do Messias, filho único de Deus enviado à terra. Os anjos, também mensageiros, não passam de entidades subalternas e submissas a Jesus Cristo. Não cabe conferir a eles demasiado destaque, principalmente nas formas mais populares de devoção.

Seriam necessários nada menos que três concílios – Niceia (325 d.C.), Constantinopla (381 d.C.) e Calcedônia (451 d.C.) – para estabelecer com precisão o lugar que cabe aos anjos, enfatizando o mistério da encarnação de Jesus e ressaltando que não se trata de um simples arcanjo ou profeta enviado por Deus, e sim do verdadeiro Deus feito homem.

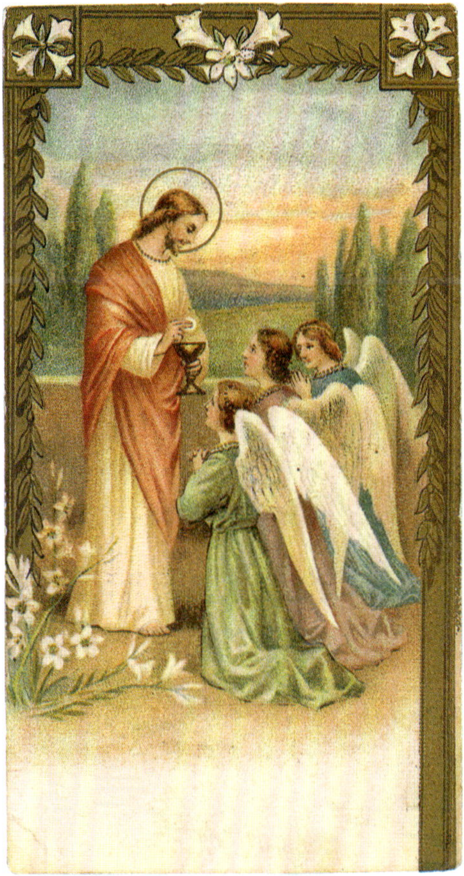

O SEXO DOS ANJOS

Hoje em dia, a expressão "discutir o sexo dos anjos" significa perder tempo em discussões irrelevantes. Vale dizer que foram intermináveis os debates dos teólogos sobre esse tema, especialmente em Bizâncio, mas também entre os Padres da Igreja.

Será o caso de se considerar os anjos seres de ambos os sexos? Serão eles puramente espirituais e totalmente assexuados? O que dizem os textos bíblicos sobre essa questão?

Com base em certas interpretações do Gênesis, alguns anjos foram traidores de Deus e amantes das mulheres – a luxúria teria sido responsável em parte por sua queda –, logo caberia supor que os seres angélicos são sexuados. Os anjos caídos dariam livre curso a seus desejos desenfreados.

Essa fonte de desordem é amplamente explorada nos rituais de bruxaria a partir da Idade Média, sendo, inclusive, aludida no processo de Joana d'Arc. Os íncubos, que lascivamente adentram o corpo das mulheres, ou os súcubos, que seduzem e provocam os homens, tornam-se os protótipos dos anjos rebeldes convertidos em demônios tentadores.

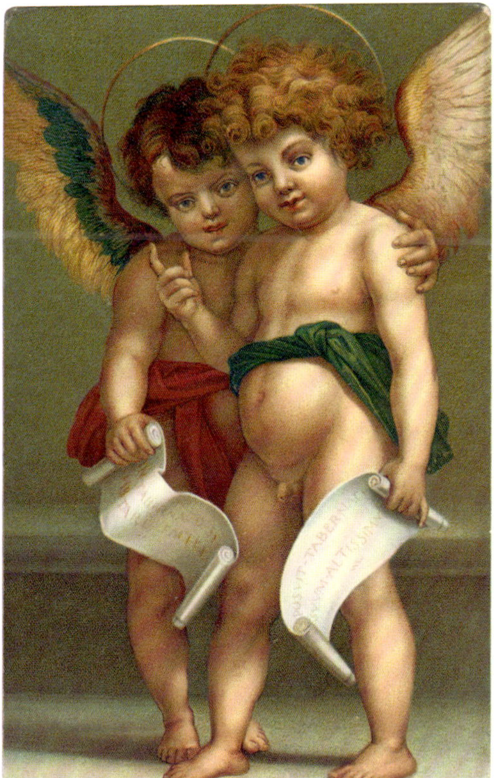

SEXO E PERFEIÇÃO

⋄

Na cabala, os anjos por vezes formam casais perfeitos, e o desejo mútuo contribui para que aumentem sua força. Assim, em algumas ocasiões os querubins que carregam a Arca da Aliança são representados de frente um para o outro e unidos pelo amor.

Nos Evangelhos, em contrapartida, é dito que os anjos não tomam marido nem esposa, e que o mesmo acontecerá com os humanos depois da ressurreição. É estabelecida, portanto, uma diferença entre a dotação de um sexo e seu uso. E os anjos, por natureza, espontaneamente praticam a abstinência prescrita aos humanos consagrados a Deus.

Vale notar, por fim, o terceiro par de asas dos serafins, que eles recolhem diante de si e que dissimula seus pés. Essas asas se tornam uma espécie de tapa-sexo, que lhes confere uma atitude solene, rígida e sagrada, condizente com sua elevada posição na hierarquia celeste.

Percebe-se, nessa busca pela perfeição, certa influência do platonismo. Na obra *O banquete*, de Platão, Sócrates explica que o ser perfeito é constituído pelos elementos masculino e feminino.

Segundo ele, os humanos foram divididos ao meio, e a parte sexuada de cada um busca sua metade para reconstituir uma unidade perfeita. Os anjos, em sua perfeição, devem então representar essa unidade perfeita, assexuada.

O ANJO DO SENHOR

O Anjo do Senhor é mencionado várias vezes na Bíblia, sem maiores detalhes. Ele recebe os relatos dos outros anjos enviados à terra e frequentemente é associado ao arcanjo Miguel.

Esse anjo é apresentado como o mais próximo servidor de Deus, que manifesta aos homens a vontade d'Ele. Sob esse título, muitas vezes transmite mensagens das mais importantes. É ele quem anuncia, por exemplo, o nascimento de Sansão.

Quando Sara, esposa de Abraão, expulsa a serva Agar, que dera ao patriarca um filho chamado Ismael, o Anjo do Senhor aparece para a fugitiva no deserto, num momento em que ela estava exausta e desanimada, e prediz uma vasta descendência para seu filho.

Ele protege os profetas, consola Zacarias em suas visões e também pode interceder pelos homens para poupá-los de serem castigados.

Quando Deus pede a Abraão o supremo sacrifício de seu único filho, Isaac, a fim de testar sua fé, é o Anjo do Senhor quem, no último instante, detém o braço do pai: a intenção já bastava.

O Anjo do Senhor está mais próximo dos homens do que a divindade. Em todos esses episódios, ele aparece como o representante de Deus, desempenhando as funções de mensageiro, guia ou braço armado. Luta incessantemente contra Satanás, salvando, dessa forma, os filhos de Israel.

"REVERSIBILIDADE"
Charles Baudelaire (1821-1867)

Anjo pleno de alegria, acaso conheces a angústia,
O remorso, os soluços, o tédio, a vergonha,
E os difusos terrores dessas noites medonhas,
Que apertam o peito tal qual papel que se amarfanha?
Anjo pleno de alegria, acaso conheces a angústia?

Anjo pleno de bondade, acaso conheces o ódio,
Os punhos cerrados na sombra e as lágrimas de fel,
Quando toca a Vingança seu chamado infernal,
E de nossas faculdades se erige em general?
Anjo pleno de bondade, acaso conheces o ódio?

Anjo pleno de saúde, acaso conheces os Delírios
Que, rente às paredes frias do lívido hospício,
Zanzam feito exilados arrastando seus passos,
Remexendo os lábios, buscando o sol escasso?
Anjo pleno de saúde, acaso conheces os Delírios?

Anjo pleno de beleza, acaso conheces as rugas,
E o medo de envelhecer, e o hediondo suplício
Que é ver esse inconfesso pavor do sacrifício
Nos olhos em que antes sorvíamos delícias?
Anjo pleno de beleza, acaso conheces as rugas?

Anjo pleno de ventura, de júbilos e luzes,
Às sutis emanações do teu corpo glorioso
Davi agonizante teria implorado o vigor;
Eu de ti nada peço senão tuas preces,
Anjo pleno de ventura, de júbilos e luzes!

QUEM SÃO OS QUERUBINS?

O termo "querubim" vem do hebraico *kerub* (plural: *kerubim*), por sua vez derivado de *"karibu"*, palavra de origem babilônica para designar uma divindade de segunda ordem provida de asas.

Na religião oriental, são monstros constituídos por elementos humanos e animais, leões ou touros, que ficam postados à entrada dos palácios, das cidades e dos templos, com a face voltada para os visitantes.

Os querubins da Bíblia conservam essa função: proteger os locais sagrados. Depois que Adão e Eva são expulsos do Paraíso, por exemplo, os querubins são incumbidos de vigiar a Árvore da Vida com suas espadas flamejantes.

Também são os guardiões da Arca da Aliança, o baú de madeira que contém as Tábuas da Lei; dois querubins, estendendo as asas, formam um abrigo para protegê-la. São vistos em especial em volta do carro celestial, que transportam, ou sob o trono divino, que sustentam.

Segundo estudiosos, os querubins se situam nas primeiras ordens da hierarquia celeste, depois dos serafins. Eles correspondem à plenitude da sabedoria. Se a plenitude da fé é o amor, como afirma São Paulo, não seria este um dos motivos que fez os querubins serem associados às pequenas divindades da Antiguidade chamadas de amores?

QUAL É A APARÊNCIA DOS QUERUBINS?

A representação dos querubins evoluiu muito ao longo dos textos e do tempo. A Bíblia, em geral, os descreve como monstros de várias faces, metade homens, metade animais, dotados de múltiplos pares de asas, frequentemente azuis da cor do céu e com aspecto semelhante ao dos grifos.

No Livro de Ezequiel, sua vigilância é simbolizada por uma infinidade de olhos: "Seu corpo todo, o dorso, as mãos, as asas, estavam cheios de olhos."

Embora costumem ser azul-celeste, por vezes são pintados de vermelho para indicar que estão inflamados pelo amor de Deus. Antigamente, dizia-se que uma pessoa ruborizada estava vermelha como um querubim.

A partir do Renascimento, passam a ser representados por um simples rostinho de bebê bochechudo, emoldurado por um par de asas. Nas igrejas, é comum essa figura ornamentar o fecho da abóbada.

Na cabala, os querubins são da cor do sol e compostos de éter; a pedra associada a eles é o topázio, dotada de poder mágico e símbolo de justiça.

No islã, os querubins louvam Alá perpetuamente.

OS QUERUBINS E O CARRO DIVINO

˂˃

O Livro de Ezequiel é o que mais descreve os querubins e o carro divino. Ezequiel, profeta exilado na Babilônia, transmite ao povo de Israel suas visões com uma profusão de detalhes prodigiosos.

Os querubins compõem o trono de Deus: seu lugar é nas rodas do carro celestial. São movidos pelo Espírito, nunca olham para trás, e seu movimento é sinal da majestade divina. Deus, a exemplo das divindades orientais, se vê, assim, dotado de uma espécie de montaria fantástica: está sentado sobre os anjos, que o sustentam. A missão dos querubins é carregá-lo em sua glória.

A aparência dos querubins é ainda mais surpreendente, pois são constituídos segundo a figura do tetramorfo, isto é, um ser fantástico dotado de quatro asas e quatro faces: uma de homem à frente, uma de leão à direita, uma de touro à esquerda e uma de águia atrás – características também citadas no Apocalipse de São João.

A tradição cristã, em seu desejo de ver no Novo Testamento a realização das profecias do Antigo Testamento, comentou a visão de Ezequiel e associou cada parte do tetramorfo a um dos quatro evangelistas.

OS MENSAGEIROS DIVINOS

⚜

Os anjos foram criados para cantar a glória de Deus, mas também têm missões para com os homens. São vistos como companheiros sempre prontos a acudi-los: no Antigo Testamento, trazem alento e consolam os aflitos. No Primeiro Livro de Reis, a rainha Jezabel decide matar Elias porque ele destruiu o culto a Baal, do qual ela era adepta. Enquanto o profeta foge, um anjo traz a ele um pão cozido e um jarro de água para revigorá-lo, a fim de que possa galgar a montanha de Deus e assistir a uma importante aparição.

Os anjos são também protetores e intercessores dos humanos, pois os acompanham no dia a dia, orientando-os e lhes revelando grandes mistérios.

Algumas comunidades judaicas, como a dos essênios (que conhecemos melhor devido à descoberta dos chamados Manuscritos do Mar Morto), atribuíam especial importância aos anjos e acreditavam que os homens viviam constantemente sob seu olhar.

Não é de surpreender que Jesus, em seus ensinamentos, também se refira aos anjos, aos que protegem as crianças e veem Deus em toda a sua luz. Podemos reconhecer aí os anjos da guarda, mesmo que não sejam explicitamente citados.

Les Anges pasteurs de nos âmes, portent nos messages à Dieu, et nous rapportent les siens.
(St Jean de la Croix.)

T.F. ÉDIT. PONTIF.   PARIS. Pl. 143 bis

Os anjos, pastores de nossas almas, levam nossas mensagens a Deus e nos trazem as d'Ele. – SÃO JOÃO DA CRUZ

O QUE FAZEM OS ANJOS?

No Apocalipse de São João, alguns anjos aparecem com turíbulos, os objetos litúrgicos onde se queima incenso. O incenso é a oferenda a Deus por excelência, pois a fumaça que sobe aos céus simboliza a oração que se eleva em direção à divindade. Os anjos transmitem, assim, por meio desse gesto, os pedidos e preces de todos os humanos. Um deles apresenta a Deus as orações dos santos por toda a eternidade.

Por transitarem entre céu e terra, os anjos estão aptos a reportar a Deus as ações humanas. Em alguns textos, é ao arcanjo Miguel que apresentam seus relatórios. Seja como for, seus apontamentos são seguidos por Deus ao recompensar os homens de acordo com seus méritos.

No momento crucial da morte, os seres angélicos levam a alma para o céu, sendo então chamados de "psicopompos". Em muitas cenas fúnebres, descritas ou pintadas, vários anjos, ou somente o anjo da guarda, recolhem a alma do defunto, liberam seu caminho para o céu, acompanham-na em toda a sua ascensão e, por fim, a depositam no céu, "no seio de Abraão".

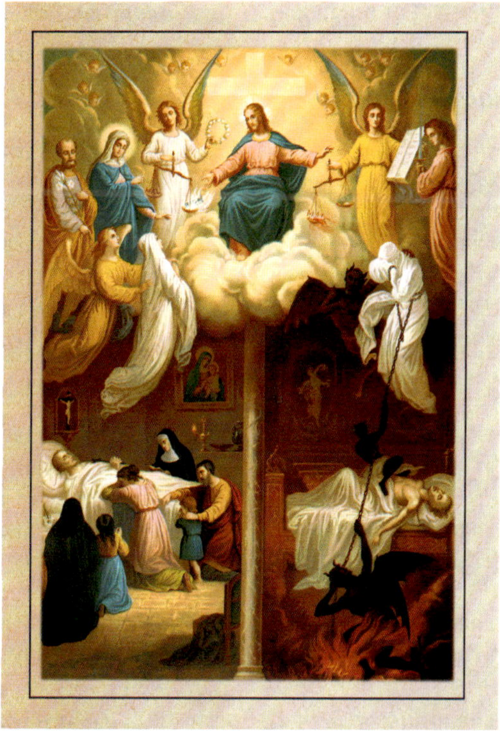

A QUEDA DOS ANJOS REBELDES

No início do capítulo 6 do Gênesis, antes do Dilúvio e do episódio da Arca de Noé, há uma referência a criaturas denominadas, em hebraico, "Benei Elohim". Para alguns comentadores da Bíblia, tais criaturas seriam homens, talvez descendentes de Set, terceiro filho de Adão e Eva; para outros, são seres divinos ou semidivinos: são anjos.

Nessa passagem enigmática, menciona-se a atração pelas mulheres, com as quais eles se unem e procriam. Segundo certas interpretações, essa relação, proibida por Deus, seria uma das causas da queda dos anjos. É assim que surgem as expressões "pecado dos anjos" ou "loucura dos anjos".

Foram justamente esses anjos caídos que se tornaram Satanás e as legiões de demônios, muitas vezes descritos nos relatos como devassos e obcecados. Os íncubos vêm seduzir as mulheres, enquanto os súcubos subjugam os homens, em geral durante a noite, valendo-se de sonhos eróticos.

Embora o tema da união entre divindades e humanos esteja presente em outras religiões, inclusive na mitologia greco-latina, neste caso o relacionamento dos entes celestes é absolutamente negativo.

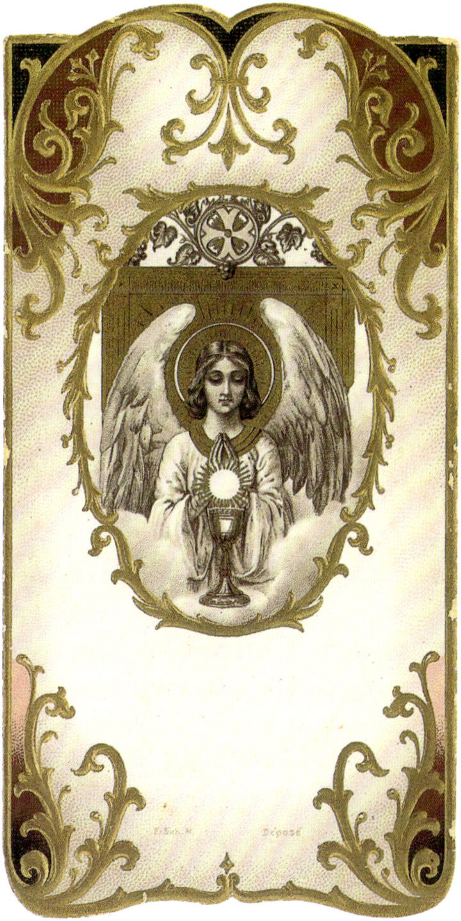
Déposé

A origem do mal corresponde a uma ruptura da ordem divina estabelecida.

As batalhas entre as forças do Bem e do Mal pontuam todos os relatos bíblicos.

OS EXÉRCITOS CELESTIAIS

Deus costuma ser representado como soberano, sentado num trono e cercado de anjos. O Deus do Antigo Testamento é denominado "Senhor dos Exércitos", por isso abundam metáforas bélicas nas descrições do universo celeste: os anjos, muitas vezes comparados a cavaleiros, são também portadores de fogo. Usam-se também as expressões "exército dos anjos" ou "acampamento de Deus".

Os anjos são imortais e sua força é tamanha que, nos Salmos, um deles sozinho tem o poder de exterminar todo o exército inimigo. Portanto, eles nem sempre são angelicais no sentido comum da palavra. Por vezes, atuam em missões de destruição e até de extermínio, pois compõem o braço armado de Deus, muito embora atuem pelo bem e pela paz.

Nos textos apocalípticos, os anjos de destruição executam a ira de Deus e aniquilam seus inimigos. O Apocalipse de São João, o mais conhecido desses textos e o único incluído no Novo Testamento, afirma que sete anjos tocando trombeta anunciarão o Juízo Final, cercados por anjos destruidores, em especial o "Anjo do Abismo", o anjo exterminador, à frente de um exército de gafanhotos devastador.

As representações pictóricas permitem dar livre curso

à imaginação, inflamada por esses relatos violentos. Nos últimos tempos, o arcanjo Miguel, chefe do exército, enfrentará o grande dragão que é Satanás. Irá derrotá--lo pela força armada, acorrentando-o por mil anos e o lançando no abismo.

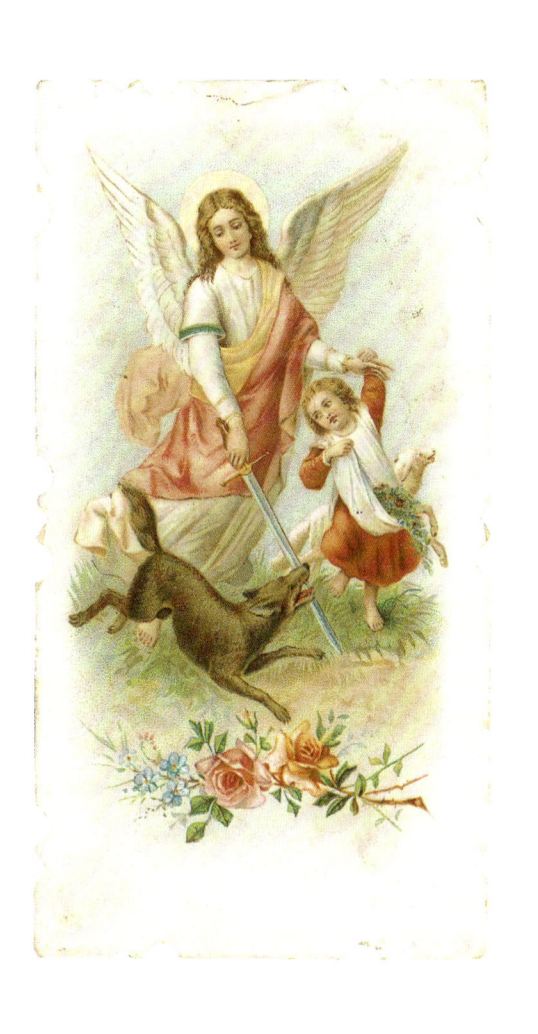

O HINO DOS ANJOS

Cantar infindavelmente a glória de Deus é a missão primeira dos anjos. No Livro de Isaías, são principalmente os serafins que cantam a glória de Deus: "Santo, santo, santo é o Senhor Deus do universo! A terra inteira proclama a sua glória!"

No século IV, Basílio Magno e Cirilo de Jerusalém incitavam os fiéis a proferir essa mesma frase, afirmando que, dessa forma, eles poderiam se associar aos exércitos celestiais.

Os teólogos cristãos não deixaram de chamar atenção para a tripla repetição da palavra "santo", que, segundo eles, anuncia o mistério da Trindade, do Deus único em três pessoas.

Essa oração é oficialmente mencionada nas atas do Concílio da Calcedônia (451 d.C.). Consta nos ritos protestantes, bizantinos e ortodoxos. Esse hino dos serafins é entoado na missa católica e na adoração da Cruz na Sexta-feira Santa.

No Livro de Enoque, quem louva o Senhor é o coro dos querubins. Os anjos ocupam um lugar de destaque neste livro etíope redigido dois séculos depois de Cristo. Por não ter tido a autenticidade comprovada pela Igreja Católica (sendo canônico apenas na Igreja Ortodoxa Etíope), ele não foi incluído no corpus

Que ma voix, avec celle des Anges, monte vers Vous, Seigneur, pour Vous louer, pour Vous bénir.

P. de Pontlevoy

Que minha voz, Senhor, juntamente com a dos anjos, se eleve até Vós para vos louvar, vos bendizer. – P. DE PONTLEVOY

dos textos sagrados, embora não lhe tenham faltado comentadores.

Esse livro relata que Enoque, pai de Matusalém e patriarca da Bíblia, foi apresentado ao Santo dos Santos, no templo celeste. Ao aproximar-se do trono de Deus, ele ouve os querubins cantando a glória do Senhor.

O ANJO DA GUARDA

Nos livros apócrifos, os humanos são vigiados por dois anjos, postados cada um de um lado, junto aos ombros. Um acusa, o outro defende. E é assim que Deus, escutando este "arrazoado", decide o destino dos pecadores.

No judaísmo e no islamismo, da mesma forma, cada ser humano é acompanhado por dois anjos: um mau, para colocá-lo à prova, e um bom, para preservar sua pureza. Segundo o teólogo Orígenes, o combate entre o anjo bom e o anjo mau se dá no interior da alma.

O anjo da guarda ajuda o protegido a realizar sua salvação, vela por seu sono e o representa junto a Deus durante a noite, acordando-o pela manhã e o auxiliando na luta contra a preguiça.

Ele tem uma espécie de ancestral na Antiguidade greco-latina: nos Diálogos de Platão, Sócrates menciona várias vezes seu *"daimon"* (δαιμον), sua entidade tutelar.

A filosofia platônica se manteria extremamente vívida por muitos séculos. Junto com a de Aristóteles, inspirou diversos Padres da Igreja, como São Bernardo de Claraval (século XII), que atribui ao anjo o papel de intercessor e diretor de consciência.

Com o tempo, o anjo da guarda recebe um lugar de

destaque: torna-se então o companheiro que protege, afasta o demônio, testemunha diante de Deus e cumpre um papel psicopompo quando da morte daquele que acompanha. Por meio do batismo, segundo Santo Tomás de Aquino, é que o anjo da guarda obtém todo o poder para proteger e acompanhar o novo cristão.

O Dia dos Anjos da Guarda costumava ser comemorado juntamente com o do arcanjo Miguel em 29 de setembro, mas, a partir de 1608, reservou-se para eles a data de 2 de outubro.

Boumard Fils, Paris - France　　　　18444

O PÃO DOS ANJOS

Os anjos não se alimentam, mas emprestam seu nome ao mais doce e revigorante alimento oferecido por Deus. Após a saída do Egito, durante a travessia do deserto, Deus promete a Moisés que fará chover pão do céu para alimentar o povo eleito conforme suas necessidades.

Durante quatro anos, a promessa se concretiza. Dá-se a esse alimento milagroso o nome de maná. Nos Salmos e no Livro da Sabedoria, é designado como "Pão dos Anjos", "Pão dos Poderosos". Tem sabor de mel e se adapta ao paladar de quem o consome, tornando-se um alimento absolutamente delicioso.

Jesus compara o maná do Antigo Testamento, que salvou o povo da fome, ao Pão da Vida, que dá a vida eterna. Compreende-se, então, que simboliza o pão partido durante a Santa Ceia, o Corpo de Cristo oferecido em sacrifício na hóstia consagrada da missa.

Je vous apporte le pain des Anges
qui vous donnera la vie éternelle.

N. 10028   DÉPOSÉ

*Trago-vos o Pão dos Anjos,
que vos dará a vida eterna.*

O ÂNGELUS

"O *Angelus* é um quadro que pintei lembrando como minha avó, outrora trabalhando no campo, ao ouvir tocar o sino, nunca deixava de nos mandar interromper a lida para rezar o Ângelus pelos pobres mortos." (Jean-François Millet, 1814-1875)

O Ângelus é uma oração que relembra a Anunciação dirigida à Virgem Maria. Seu nome vem da primeira palavra da oração em latim: *"Angelus Domini nuntiavit Mariæ."*

Sua composição é atribuída ao beato papa Urbano II (pontífice de 1088 a 1099). De início recitada ao entardecer, a partir do século XV passou a ser repetida três vezes ao dia em alguns locais da Europa, em geral às seis, doze e dezoito horas, para evocar o mistério da encarnação de Cristo: de manhã, a Ressurreição; ao meio-dia, a Paixão; no fim da tarde, a Anunciação.

Entre os trechos do Ângelus reza-se uma Ave-Maria. Termina-se com uma prece que clama a graça de Deus.

Tocam-se os sinos para anunciar a hora do Ângelus, sobretudo ao entardecer: três badaladas breves, entre as quais se deve dar tempo para recitar cada um dos trechos da oração.

SANTO TOMÁS DE AQUINO, O "DOUTOR ANGÉLICO"

É comum que os santos recebam alcunhas de seus contemporâneos ou, posteriormente, de fiéis que os admiram. É o caso de Santo Tomás de Aquino (1225-1274). Sua primeira alcunha não é exatamente lisonjeira: seus colegas da Ordem dos Dominicanos o apelidaram de "grande boi mudo"!

Robusto, imponente e um tanto taciturno, esse religioso italiano dedicou a vida ao estudo. Em Nápoles, Roma, Colônia, Paris ou onde quer que estivesse, Tomás de Aquino se debruçou sobre a doutrina cristã, aproximando-a da filosofia de Aristóteles. Sua principal obra, intitulada *Suma Teológica*, o fez ser escolhido padroeiro das universidades e escolas católicas.

Também é conhecido pela alcunha mais respeitável de "Doutor Angélico", uma vez que dedica parte significativa de seu tratado aos "espíritos puros", os anjos. A amplitude de sua reflexão sobre as relações dos anjos com Deus e com os homens, sobre sua natureza e sobre a queda de alguns deles, deixou a impressão de que o tema ocupava um lugar muito especial em sua visão teológica.

Seu corpo jaz na Igreja dos Jacobinos de Toulouse. Foi canonizado em 1323.

S. Thomas Aquinas.

B.K. S. 27. Cum approb. eccl.

SERVOS DE JESUS NO EVANGELHO

Nos Evangelhos, os anjos são postos a serviço de Jesus. Atestando o caráter divino de Cristo, a aparição dos anjos torna mais extraordinários os momentos-chave de sua vida: a Anunciação, a Natividade, o retiro no deserto, o início da Paixão e a Ressurreição.

Eles também estão presentes no momento da Ascensão, além de protegerem os apóstolos e primeiros membros das comunidades cristãs. O Anjo do Senhor vem várias vezes libertar os apóstolos prisioneiros, como Pedro, por exemplo.

Contam os evangelistas São Marcos e São Mateus que, após seu batismo e antes de começar seu ministério e sua missão, Jesus é levado ao deserto para ser posto à prova. Está jejuando quando Satanás aparece para tentá-lo.

Ele o conduz até o alto do Templo e sugere que se jogue no vazio, alegando que, no Antigo Testamento, está escrito que os anjos vão protegê-lo. No entanto, Jesus é lúcido! Recusa-se a saltar e acusa Satanás de tentar o Senhor. Quando o diabo cessa de atormentá-lo após mais algumas tentativas e se retira, chegam os anjos para servi-lo.

O Evangelho de Mateus traz ainda outro exemplo.

Jesus está orando no monte das Oliveiras quando chegam os soldados para prendê-lo. Um dos discípulos saca sua espada para protegê-lo, mas Jesus ordena que a devolva à bainha: tem os anjos para servi-lo e, se assim desejasse, o Pai lhe enviaria doze legiões deles.

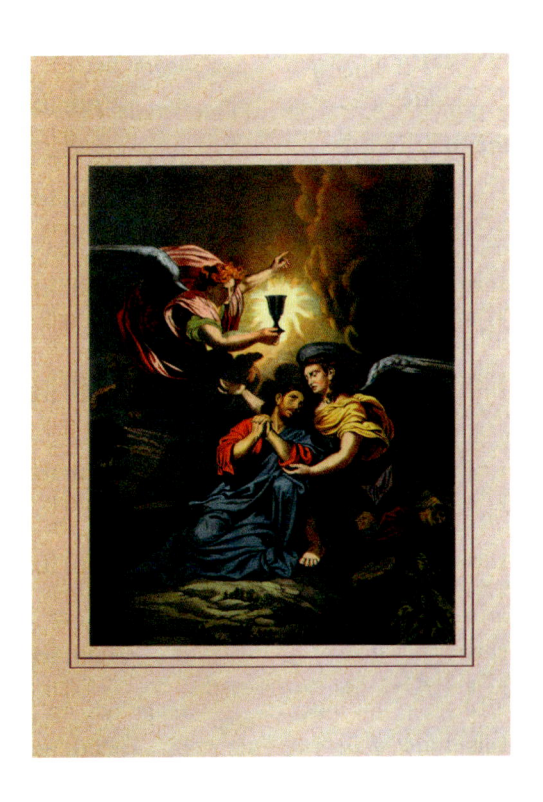

OS SERAFINS

Assim como os querubins, os serafins têm ligação com as divindades aladas orientais, tendo semelhança com o grifo e com a esfinge.

Seu nome significa "os ardentes", "aqueles que queimam". Simbolizam o amor ardente de Deus, mas também sua ira e o fogo purificador, e geralmente são representados em vermelho, quando não de fato em chamas.

É comum serem mostrados de pé, com três pares de asas – as asas que os fazem voar, as que escondem sua nudez e as que ocasionalmente escondem seu rosto, para que não fitem diretamente a face de Deus. Porém, podem também assumir a aparência de serpentes ou dragões, ou apenas segurar uma serpente em cada mão.

Enquanto os querubins são a sustentação do carro celeste, os serafins estão postados acima dele, abrigando-o com as asas abertas. Sua principal função consiste em cantar sem cessar a glória de Deus.

Eles aparecem com destaque em um episódio bíblico que envolve Isaías, um dos quatro grandes profetas da Bíblia junto com Jeremias, Ezequiel e Daniel. A vocação dos serafins é revelada de forma extraordinária.

Isaías tem uma visão: está contemplando Deus em majestade no seu trono. Os serafins acima dele cantam sua glória sem parar. Suas vozes estremecem as portas, uma grande fumaça se espalha em torno do altar em chamas, e Isaías, apavorado, grita: "Ai de mim, estou perdido!" Ele, que sempre denuncia o afrouxamento moral de seu povo, julga que, assim como os outros pecadores, tem os lábios impuros pela mentira ou pela blasfêmia, que é indigno de estar diante do Senhor.

Nisso, um dos serafins pega uma das brasas do altar e a leva à boca de Isaías, tocando-a a fim de purificá-la. "A tua iniquidade está removida, o teu pecado está perdoado", diz-lhe o anjo. E é assim que Isaías é instituído profeta.

Em *Ascensão de Isaías*, texto cristão do século II, não reconhecido como inspirado pela maioria das igrejas, o profeta, após seu suplício, é levado por um anjo ao sétimo céu, onde vê Jesus ao lado de Deus.

Isaías é celebrado com o mesmo título que os santos cristãos, pois suas profecias são entendidas como prenúncio do advento de Cristo.

SÃO FRANCISCO DE ASSIS, O "PAI SERÁFICO"

Nascido em Assis, em 1181 ou 1182, Francisco é principalmente conhecido como o santo dos pobres e leprosos, maravilhado diante da Criação, que conversava com os animais e fazia reinar à sua volta a paz e a caridade. Serviu em total despojamento, restaurou igrejas em ruínas, passou o final da vida em oração e, muitas vezes, em isolamento.

É um dos santos mais populares. A Ordem dos Frades Menores, fundada por ele, foi reconhecida pelo Quarto Concílio de Latrão em 1215 e a regra franciscana, aprovada em 1223.

No final do verão de 1224, Francisco se retirou para o monte Alverne a fim de rezar e jejuar num convento da ordem. Em 14 de setembro, dia em que se celebra a Santa Cruz, recebeu a visita de um serafim que pairava junto a ele, com seis asas de fogo.

Entre suas asas, viu um homem crucificado e disse: "Que eu sinta em meu corpo e em minha alma o que Tu sentiste: o sofrimento da Paixão e o amor sem medida que te inflamava." Então, recebeu os estigmas, isto é, as mesmas marcas das chagas e da crucificação do Cristo martirizado.

Francisco de Assis morreu em 1226 e foi canonizado em 1228 por Gregório IX, que em razão desse episódio lhe deu o título de "Pai Seráfico".

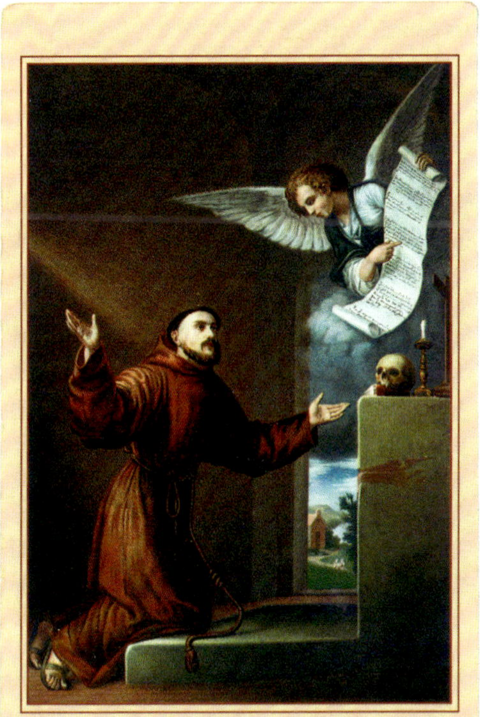

OS ANJOS NA IDADE MÉDIA

Na arte, os anjos foram inicialmente representados como jovens vestidos de branco. Mais tarde, para que não fossem confundidos com as divindades pagãs aladas, foram acrescentadas ricas vestes de cortesãos.

Depois do Segundo Concílio de Niceia, em 787, os artistas se sentiram legitimados a representá-los numa espécie de antropomorfismo.

Pelo número de asas, inclusive, se tornou possível identificar o "grau hierárquico", e elas adquiriram particular importância.

A partir do século XII, Santo Anselmo de Cantuária e Santa Hildegarda de Bingen, entre outros, deram novo impulso às reflexões sobre os anjos. A beneditina alemã descreveu os anjos de suas visões místicas: aparência humana, luz intensa, auréola, asas, olhos de fogo.

A opção pela vida monástica se afigurava como desejo de imitar a condição dos anjos, inteiramente consagrada a louvar a Deus e se distanciar do mundo temporal. Os anjos eram representados visitando os monges em suas celas para dar-lhes força contra as tentações.

Os anjos se fizeram presentes nos portais das igrejas, por exemplo, em obras ilustrando o Juízo Final. Tornou-se recorrente a imagem de São Miguel pesando as almas antes do julgamento divino. Sob o buril dos escultores, as feições do anjo se humanizaram, exibindo lágrimas ou sorrisos. Foi assim que surgiram, tanto em Reims como Arras, na França, estátuas angelicais com sorrisos enigmáticos.

VERA EFFIGIE DELLA BEATA VERGINE
che si venera nella Chiesa delle Grazie
sul Colle di Covignano presso Rimini.

VERDADEIRA EFÍGIE DA VIRGEM ABENÇOADA
que é venerada na Igreja Santa Maria delle Grazie, na
Colina de Covignano, perto de Rimini.

"O RECITAL DOS ANJOS"
Émile Nelligan (1879-1941)

Cheio de esplim nostálgico e devaneios estranhos,
Fui-me, certa noite, à casa da santa adorada,
Era festa no céu e lá se apresentava,
Na sala do empíreo, o recital dos anjos.

E como ninguém se opunha a esse livre ingresso,
Cheguei, o corpo vestido de uma túnica franjada,
Na noite em que me fui à casa da santa adorada,
Cheio de esplim nostálgico e devaneios estranhos.

Damas deambulavam sob clarões alaranjados;
Trajavam libré de gala os celestes lacaios;
E sendo minha demanda por Cecília atendida,
Assisti ao concerto que às falanges divinas

Ela oferecia, lá em cima, em ritmos estranhos...

«Je suis le Pain de vie,
Je suis le Pain vivant,
qui est descendu du Ciel.»
(S.t Jean, chap. VI.)

BOUMARD & FILS   N° 5122   ÉDIT.rs PONT.aux PARIS.

Eu sou o Pão da Vida,
Eu sou o Pão vivo descido do Céu.
— SÃO JOÃO, CAP. VI

OS SETE ARCANJOS

Ao contrário dos demais entes da hierarquia celeste, os arcanjos são os únicos nomeados.

Eles não têm esse "privilégio" por estarem no topo da hierarquia: na verdade, estão em penúltimo lugar. Porém, o fato de terem contato com os humanos justifica serem chamados pelo nome.

Os teólogos listam sete arcanjos, um número considerado sagrado. Alguns nomes são conhecidos, outros não, a depender da religião. Os três nomes incontestáveis são Miguel, Rafael e Gabriel. O quarto, Uriel, não é reconhecido pela Igreja Católica. O Concílio de Roma, no ano 745, limita o culto dos arcanjos aos três primeiros.

Os nomes dos três últimos variam um pouco conforme os textos em que aparecem citados: segundo Enoque, são eles Raguel, Zeraquiel e Ramiel ou, mais comumente, Baraquiel, Jegudiel e Salatiel, como mostrado num afresco da Igreja dos Sete Anjos, em Palermo, que traz os nomes gravados.

A principal função dos sete arcanjos é lutar contra os demônios ou entrar em contato com os humanos, a fim de fazer grandes revelações ou dar algum auxílio especial.

No islã, os arcanjos sustentam o trono de Alá.

S. RAFFAELE ARCANGELO

SÃO MIGUEL ARCANJO

Seu nome significa "quem como Deus?". Miguel é o grande príncipe da corte celeste. Na Bíblia, mais precisamente no Livro de Daniel, é apresentado como chefe e protetor dos filhos de Israel, sendo comparado ao Anjo do Senhor. Num dos livros apócrifos, é enviado a Abraão para anunciar sua morte.

É, por assim dizer, o "paladino" das forças do bem: o chefe da milícia celeste, o Anjo da Paz que protege o povo eleito, o Príncipe das Luzes, o oposto do Anjo das Trevas. No Apocalipse de São João, Miguel lidera as tropas de anjos no combate ao grande dragão, a antiga serpente e o diabo. Ele alcança a vitória, acorrenta Satanás por mil anos e o joga no abismo.

Outra faceta de Miguel é a misericórdia, bem como a paciência, sobretudo após a morte dos humanos. Para vários Padres da Igreja, os anjos avaliam a alma dos defuntos para que prestem contas de suas ações a Deus.

Com frequência, São Miguel é representado pesando as almas, um julgamento chamado de "psicostasia". Os santos e as virgens são dispensados dessa pesagem, pois a subida de sua alma ao céu é imediata e acompanhada pelo canto dos anjos. São Miguel, muitas vezes, acompanha as almas nessa ascensão.

S. Michele arcangelo

OS MILAGRES DE SÃO MIGUEL

São Miguel é celebrado em duas datas.

O dia 29 de setembro comemora a dedicação da Basílica de São Miguel, em Roma.

Já o dia 8 de maio corresponde a sua aparição no monte Gargano, na Apúlia italiana, no século V. Nos tempos do papa Gelásio, na cidade de Siponto, vivia um homem rico chamado Gargano, dono de incontáveis rebanhos. Ele os criava num monte que levava seu nome. Um de seus touros fugiu e, ao persegui-lo, viu o animal junto à entrada de uma caverna. Disparou uma flecha, que ricocheteou, voltando-se contra Gargano e o ferindo.

O bispo, ao saber do acontecido, ordenou jejum de três dias e orações públicas. No terceiro dia, São Miguel apareceu para o clérigo, declarando que a gruta estava sob sua proteção e que era preciso erigir um santuário dedicado aos anjos. O bispo imediatamente deu ordens para tal.

Além desse milagre, houve, por exemplo, a aparição do arcanjo ao papa Gregório Magno, em 590. Roma se encontrava, então, assolada pela peste. Paralelamente, estava sendo ameaçada pelos lombardos e devastada pelas enchentes do Tibre. O papa mandou realizar procissões de penitência e fez entoar as grandes ladainhas.

Ao fim de uma dessas procissões, São Miguel surgiu

diante dos fiéis no alto do mausoléu de Adriano, limpando uma espada ensanguentada e guardando-a na bainha. Em homenagem a esse acontecimento, foi erigida uma capela com uma estátua do arcanjo no alto da fortaleza. Desde então, ela é chamada de Castelo Sant'Ângelo, a cidadela do papado.

O MONTE SAINT-MICHEL

Onde hoje fica o monte Saint-Michel inicialmente era um local de culto, em que celtas e romanos adoravam Beleno e Júpiter. Em 709, porém, São Miguel aparece para Aubert, o devoto bispo de Avranches, e lhe pede para construir, no topo do então monte Tombe, um santuário semelhante àquele do monte Gargano, na Itália.

O bispo obedece e funda uma capela, que se tornaria a Abadia do Monte Saint-Michel (nome do arcanjo em francês), ponto de origem de peregrinações que jamais cessaram. São Miguel é escolhido padroeiro da França, e seu dia se torna festa nacional.

Childebert e Carlos Magno são os primeiros a utilizar o santuário como retiro, seguidos por Guilherme, o Conquistador, São Luís IX, Filipe, o Belo, e praticamente todos os reis da França.

Luís XI demonstra devoção especial pela abadia, indo ao local para rezar em três oportunidades. Em 1469, funda a Ordem de Cavalaria de São Miguel. Num primeiro momento, o rei da França oferecia aos 36 cavaleiros um colar de ouro com um medalhão, no qual se via o arcanjo derrotando um dragão.

A partir de Luís XVI, a ordem é atribuída em especial aos escritores, artistas e magistrados. Os cavaleiros usam então um cordão preto e uma cruz de ouro esmaltado. A ordem é encerrada em 1791, recriada em 1816, e extinta definitivamente após a Revolução de Julho de 1830.

A DEVOÇÃO A SÃO MIGUEL

Constantino (século III) atribui a São Miguel Arcanjo o papel de protetor do povo cristão e dos exércitos do imperador. Carlos Magno estende sua data comemorativa a todos os Estados, sendo celebrada, então, em 29 de setembro.

Enquanto braço armado de Deus, São Miguel simboliza a resistência à opressão, razão pela qual é incumbido de aconselhar e acompanhar Joana d'Arc.

Após o Concílio de Trento, ele assume mais um aspecto: defende militarmente a fé contra a heresia protestante. A Ordem de São Miguel surgiu posteriormente e é a mais alta da cavalaria francesa.

No islamismo, é chamado de Mika'il; rege a chuva e os ventos, a vegetação e as colheitas.

Na Segunda Guerra Mundial, as tropas francesas aerotransportadas e os paraquedistas escolheram o arcanjo Miguel como santo padroeiro. Ele é também o patrono dos padeiros e confeiteiros, dos tanoeiros e dos esgrimistas.

SÃO RAFAEL

Seu nome significa "Deus cura". Na Bíblia, é o herói do Livro de Tobias.

Como conta o livro, em Nínive, capital da Assíria, vive em exílio o velho Tobit, que perdeu a visão. Pobre e doente, ele envia seu filho Tobias para cobrar uma dívida em outra cidade. Tendo sua segurança como prioridade, o jovem contrata um homem para protegê-lo durante a viagem.

À beira do rio Tigre, um peixe enorme surge de repente. O criado sugere a Tobias que capture o animal e guarde seu coração, fígado e fel para preparação de unguentos. Quando chega ao destino, Tobias conhece Sara, jovem judia cujos sete maridos foram mortos pelo demônio Asmodeu.

Tobias decide casar-se com ela e vingá-la. Quando queima o coração e o fígado do peixe, a fumaça enfraquece o demônio, que se deixa capturar. Tobias retorna, então, à casa do pai com a nova esposa. Ao aplicar o fel do peixe sobre os olhos do pai, faz com que ele recobre a visão de imediato. Só então o companheiro de viagem revela sua verdadeira identidade: é São Rafael.

A partir desse episódio, o arcanjo passa a ser aquele que acompanha e aconselha os viajantes em terra, mar e ar. Também é incumbido da proteção de cidades e províncias, bem como de missões particulares. Talvez por conta de seu papel de protetor, tornou-se o padroeiro dos serviços militares de inteligência. Na fé popular, também é padroeiro dos farmacêuticos. Sua festa litúrgica data do século XII, sendo celebrada em 24 de outubro e em 29 de setembro (com Miguel e Gabriel).

O ARCANJO GABRIEL

Seu nome significa "força de Deus" ou "Deus é minha força". É considerado o braço direito de Deus, sendo em geral representado como um homem robusto. Costuma ser celebrado em 24 de março, mas também em 29 de setembro, com Miguel e Rafael.

Seu principal papel é o de mensageiro de Deus, portador de boas-novas. Na Bíblia, Gabriel interpreta as visões de Daniel e revela a primeira vinda de Cristo.

É ele também quem anuncia os nascimentos de São João Batista e de Jesus.

No islã, sob o nome de Djibril, Gabriel é o anjo mais importante, o que transmite a Revelação a Maomé. Às vezes é chamado de Espírito Santo.

Devido à sua função de mensageiro, as crenças populares tornaram Gabriel o santo padroeiro dos embaixadores, dos profissionais de rádio e televisão, dos carteiros e, no Exército, dos serviços de informação.

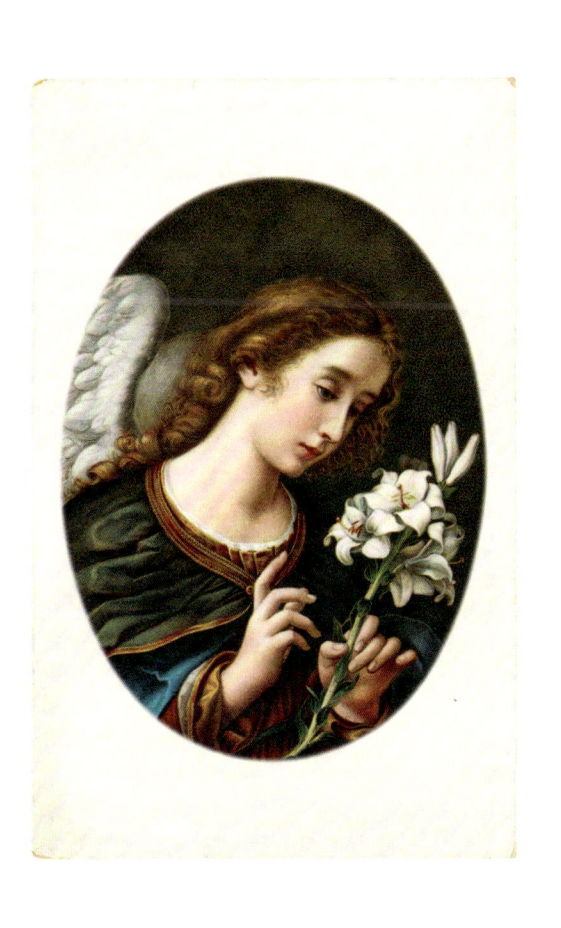

OUTROS ARCANJOS

Sabe-se muito pouco sobre os outros arcanjos, mas é possível retraçar seus perfis a partir de detalhes retirados, em sua maioria, do livro etíope de Enoque, cuja autenticidade por vezes é contestada.

Uriel: Seu nome significa "chama ou luz de Deus". É o guia dos astros, o mestre do fogo do Inferno, e zela pela luz de todos os corpos celestes. Uriel não é reconhecido pela Igreja Católica, a qual não lhe dedica nenhum culto, mas está iconograficamente presente no Oriente cristão, montando guarda junto ao Deus todo-poderoso com os três primeiros arcanjos, em volta do Pantocrator (representação do Cristo em majestade).

Baraquiel: Seu nome significa "bênção de Deus". Cabe-lhe combater a preguiça, a indiferença e a indolência na fé. Estimula o fiel a ser zeloso e atento à vontade de Deus. As almas devem se manter alertas e dedicadas à religião. Seu apoio deve ser invocado para sacerdotes e para a propagação da fé. Há rosas brancas escondidas nas dobras de seu manto.

Jegudiel: Seu nome significa "louvor a Deus". Combate a inveja e o ciúme. É invocado em alguns exorcismos para expulsar o espírito rancoroso. Traz o convite de tolerância e de amor ao próximo pela aceitação dos decretos divinos. Vê-se em sua mão direita uma coroa para recompensar os fiéis a Deus e, na mão esquerda, um chicote de três pontas para punir os infiéis.

Salatiel (ou Sealtiel): Seu nome significa "oração de Deus". Combate a esbórnia e a bebedeira. Ajuda a manter a abstinência a fim de combater os vícios. Distribui as graças divinas e oferece o arrependimento da humanidade. Às vezes, traz na mão direita uma cesta de flores, símbolo do júbilo em Deus. Ou então tem as mãos unidas em oração.

OS ANJOS E AS HERESIAS

A história da religião cristã é repleta de episódios em que algumas comunidades são rejeitadas por professarem crenças diferentes, às quais se dá o nome de "heresias". Uma delas teve grande influência no sul da França, na segunda metade do século XII: a dos albigenses.

Os albigenses eram cátaros, isto é, parte de uma doutrina segundo a qual há dois princípios de mesma força: Deus e Satanás. Deus, bom e luminoso, criou somente seres espirituais. Já Satanás, mau e tenebroso, é criador da matéria em todas as suas formas.

Assim, os humanos foram criados por Satanás, que aprisionou um anjo de luz dentro do corpo deles. Cristo não passa de um anjo que não viveu, não sofreu, não ressuscitou. O Juízo Final já aconteceu e este mundo é o Inferno.

Combatendo essa heresia, o Quarto Concílio de Latrão (1215) definiu a doutrina da Igreja sobre os anjos e demônios: existe um único e exclusivo princípio criador de todas as coisas existentes, visíveis e invisíveis: Deus. Os anjos fazem parte da Criação. E o ser humano, incluindo seu corpo, é obra de Deus.

Salvamos uma alma!

A CIDADE DOS ANJOS

Com certa ironia, muitas vezes Los Angeles é chamada de "Cidade dos Anjos". No entanto, seus moradores de fato se denominam *angelenos* ou *angelinos*, e a cidade está sob o patronato de seres angelicais. Seu nome completo é *Pueblo de Nuestra Señora la Reina de Los Ángeles del Río de Porciúncula*, ou seja, Vila de Nossa Senhora Rainha dos Anjos do Rio Porciúncula. Mas qual é sua origem?

A implementação de *pueblo* foi decidida pelo frade franciscano Juan Crespi em 2 de agosto de 1769, uma quarta-feira. No calendário de sua ordem, este é o dia de Nossa Senhora dos Anjos da Porciúncula, nome da igreja para onde São Francisco de Assis se retirou e onde faleceu.

Em 1212, o santo recebera essa capela em ruínas, situada numa "pequena porção" de uma propriedade dos beneditinos. Ele então a restaurara com as próprias mãos. Posteriormente, tornou-se um local de culto e um centro de peregrinação. Um afresco representando a Virgem Maria cercada de anjos foi pintado atrás do altar. Daí se origina o nome da cidade.

Não foi fácil atrair colonos vindos do México para esse minúsculo assentamento. Somente ao fim de doze anos conseguiu-se reunir onze homens, onze mulheres e 22 crianças na "Missión San Gabriel" (mais um nome de anjo), em um *pueblo* ampliado. Instalaram-se ali, com alguns poucos soldados, indígenas e missionários, em 4 de setembro de 1781. O dia de Nossa Senhora dos Anjos posteriormente foi transferido para essa data, a fim de celebrar o aniversário da cidade.

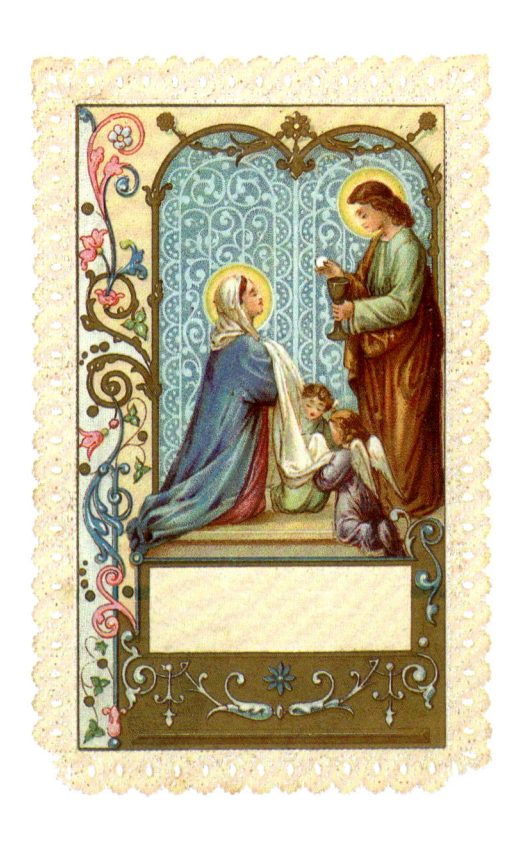

"PASSOU UM ANJO"

Quando, de repente, uma conversa morre e todos ficam calados e pensativos, existe uma tradição de dizer para preencher o silêncio: "Passou um anjo."

De onde vem essa expressão? Várias são as origens possíveis. Segundo uma perspectiva maliciosa, a frase viria dos conventos de moças, sugerindo que só a passagem de um anjo seria capaz de criar um breve e milagroso silêncio, interrompendo a tagarelice. Ou, então, devido a um súbito silêncio um pouco pesado, os anjos seriam invocados para evitar tensões.

Também há a hipótese de que essa frase seja o equivalente cristão de uma expressão greco-latina envolvendo Mercúrio/Hermes, deus do comércio e da eloquência. Na religião antiga, as pessoas deviam se calar na sua presença.

A expressão "Hermes está passando" é encontrada em Plutarco, escritor grego. E o fato de ele também cumprir, com seus calcanhares alados, o papel de mensageiro dos deuses explica que a expressão possa ter sido adaptada aos anjos cristãos. Essa imagem existe em diversas línguas, como francês, espanhol, inglês, húngaro e alemão.

SERIE 1071

A MISSA DOS ANJOS

O canto gregoriano é um canto sagrado, herdeiro de diversas tradições. As primeiras comunidades cristãs, no Oriente e no Ocidente, elaboraram livremente seus rituais de canto. Assim, foi estabelecido um repertório romano e também um galicano, nos séculos IV e VI. No século VIII, a fusão das duas culturas em Metz, numa escola de canto particularmente famosa, resultaria na *cantilena metensis*, isto é, "o canto *messin*" ou "canto de Metz", cujo nome mudaria para canto gregoriano no século seguinte.

Reza a lenda que sua origem se deve ao papa Gregório Magno, embora o que de fato favoreceu essa troca cultural foi o encontro de um rei franco, Pepino, o Breve, e de Estêvão II, um papa aliado a ele que passou a residir na Gália. Em 745, Crodegango, bispo de Metz, ordenou que se adotasse o ritual romano com adaptações. Carlos Magno, filho de Pepino, o introduziu em seu império. O incentivo de Gregório Magno conferiu a esse novo canto o prestígio que vemos até hoje.

Há um grupo de composições extremamente famoso chamado *Missa de angelis* (Missa dos Anjos), que remontaria ao século XII. É um título que se encaixa perfeitamente, pois o canto gregoriano pretende aproximar quem o pratica do canto dos anjos e seu incessante louvor a Deus.

Também era conhecida como "missa dos anjos" ou "missa de anjo" a triste cerimônia fúnebre realizada antigamente diante do caixão de crianças menores de 7 anos.

La tua venuta, o Gesù, segni la fine d'ogni guerra, e ritorni la Pace fra le nazioni cristiane.

Tua vinda, ó Jesus, marca o fim de todas as guerras, e a paz retorna às nações cristãs.

DAR NOME AOS ANJOS

Poucos nomes de anjos nos são familiares, embora haja milhares deles. Isso se explica pelos sucessivos eventos eclesiásticos que definiram sua doutrina. Em 745, o Concílio de Roma proibiu a invocação dos nomes angélicos e limitou a veneração aos três anjos citados nas Sagradas Escrituras: Miguel, Gabriel e Rafael. Os demais teriam uma "essência demoníaca". Em 798, o Concílio de Aachen confirmou a decisão ao proibir a criação de nomes de anjo. O receio dos teólogos era que os anjos acabassem se convertendo em ídolos pagãos.

Foram os textos contestados, como o Livro de Enoque, o Livro dos Jubileus e diversos Apocalipses, bem como a tradição rabínica ou mística, até mesmo esotérica, que deram nome aos anjos. Acredita-se que a profusão de divindades e espíritos da religião suméria também tenha contribuído para que os nomes angélicos se difundissem. Na Bíblia, porém, a ênfase é dada à expressão das facetas da vontade e da providência divinas, de que os anjos são portadores. Esses seres etéreos se tornam então quase alegorias dos atributos de Deus, e não entes mais concretos.

Seus nomes correspondem basicamente a suas atribuições. A maioria das denominações contém o sufixo "-el", que significa "Deus". Assim, por exemplo: Orifiel significa "nuvem de Deus"; Samael, "veneno de Deus"; Fanuel, "rosto de Deus", sendo este o anjo do arrependimento que impede os demônios de delatar a Deus os pecados dos homens; Anael, "perdão de Deus"; Raguel, "amigo de Deus", e Zaapiel, "furacão de Deus".

Há outro sufixo com esse mesmo sentido, "*-yah*", que vem de Yahvé (Javé), como em "Suryah", que significa "comando de Deus".

Na cabala, a criação dos nomes adquire um papel iniciático quase mágico. Há uma correspondência bastante complexa entre as 22 letras da língua hebraica e os números. Para nomear um anjo, pode-se soletrar o nome e efetuar alguns cálculos.

Há um poder oculto relacionado a tudo isso: dar nome é partilhar do poder daquele que se nomeia. Por trás dos nomes conhecidos, que temos permissão de pronunciar, há outros, que não podem ser ditos.

Em torno dessas superstições, foi desenvolvido o culto dos anjos na fé popular e no esoterismo: os rituais de magia são praticados sobretudo para rechaçar determinadas doenças de origem supostamente demoníaca.

O arcanjo Miguel, por exemplo, é conhecido por seu poder de afastar a enxaqueca. Nas práticas *new age*, entrar em contato com o anjo da guarda e descobrir seu nome integram uma iniciação mística.

O NASCIMENTO DE JOÃO BATISTA

❖

Nos Evangelhos, várias aparições de anjos anunciam e circundam os nascimentos de João Batista e de Jesus. Esses eventos extraordinários atestam o caráter divino do Messias.

São Lucas narra que Zacarias e Isabel são pessoas muito piedosas, porém sem filhos e já em idade avançada. Zacarias é um sacerdote respeitado.

Certo dia, ao cumprir suas funções no santuário, enquanto os fiéis esperavam do lado de fora, ele vê surgir um anjo junto do altar. O homem é tomado pelo temor, mas o anjo o tranquiliza e anuncia que sua esposa irá conceber um filho, que será um profeta, responsável por converter ao Senhor uma multidão.

Diante das perguntas de Zacarias, o anjo se apresenta como São Gabriel. Por não ter acreditado de imediato nas palavras do arcanjo, ele é condenado à mudez até o nascimento de seu filho.

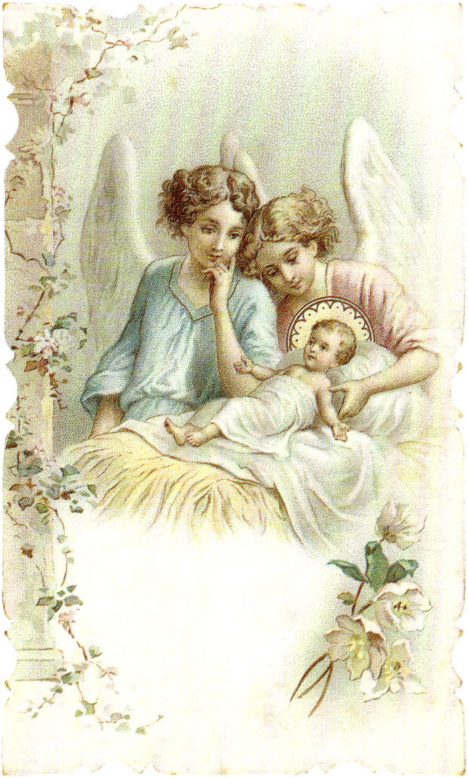

A ANUNCIAÇÃO

A visita de Gabriel a Maria é chamada de "Anunciação". Ao encontrá-la, o anjo a saúda pronunciando as primeiras frases da Ave-Maria. Diante da perturbação da moça, Gabriel revela que em breve ela vai gerar um filho.

Maria se espanta, pois é virgem, mas o arcanjo a tranquiliza, esclarecendo que o Espírito Santo será o responsável por essa concepção extraordinária. Maria, então, se submete a seu destino: "Eis aqui a serva do Senhor."

Um anjo aparece durante o sono de José para anunciar-lhe que Maria espera um filho concebido pelo Espírito Santo, orientando que ele não deve repudiá-la. José, ao acordar, segue à risca a ordem que recebeu.

É também em sonho que um anjo vem avisá-lo de que é preciso fugir para livrar Jesus do massacre dos Santos Inocentes. Além disso, após a morte de Herodes, uma vez passado o perigo, um anjo vem dizer a José, novamente em sonho, que chegou a hora de deixar o Egito.

Annonciation de la Sainte Vierge!

Anunciação da Virgem Santa!

A NATIVIDADE

Por conta de um recenseamento, José e Maria viajam a Belém. Chegando lá, Maria percebe que a hora do parto se aproxima. Não havendo mais vagas em hospedarias, o casal se acomoda num estábulo, onde a jovem dá à luz o Filho durante a noite.

Ali perto estão alguns pastores, guardando seus rebanhos ao relento. Um anjo lhes aparece de súbito, em meio a uma luz intensa e sobrenatural. De início eles se assustam, mas logo o anjo lhes anuncia uma grande alegria: nasceu o Salvador.

Uma multidão de anjos vem se juntar a ele e todos cantam em coro o *Gloria in Excelsis Deo*. Em seguida, retornam ao céu. Os pastores vão até o estábulo e prestam homenagem ao Menino Jesus. É a adoração dos pastores.

Já os Reis Magos são guiados por uma estrela, mas também são avisados em sonho para não retornarem a Herodes. O texto do Evangelho não especifica se quem os avisa é um anjo.

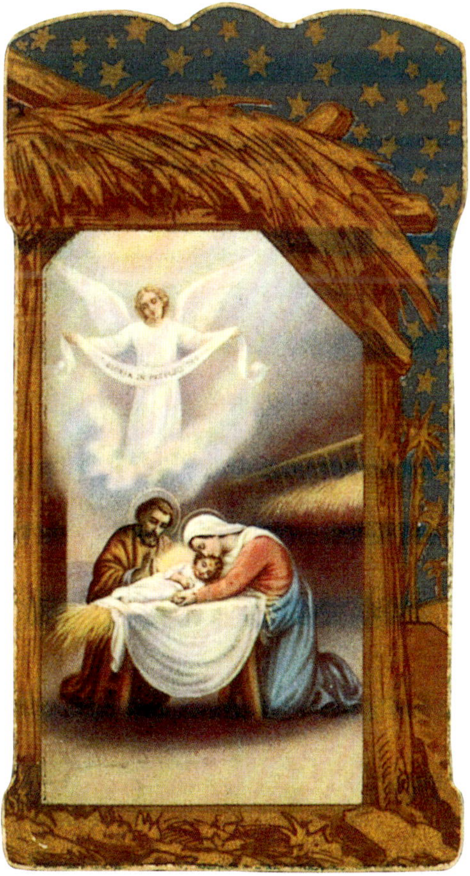

A RESSURREIÇÃO DE CRISTO

Após a morte de Jesus, seu corpo é colocado num túmulo. Os chefes dos sacerdotes e os fariseus temem que seus discípulos venham buscá-lo, para depois espalharem que ele ressuscitou. Por isso, pedem que o sepulcro, em local afastado, seja selado com uma pesada pedra e permaneça vigiado.

No momento da milagrosa abertura do túmulo, os guardas, aterrorizados, desmaiam em meio a um forte estrondo e uma luz intensa. Um anjo desce do céu para remover a pedra, senta-se sobre ela e liberta Jesus.

Ao amanhecer, sem saber do ocorrido, as santas mulheres se dirigem ao sepulcro para embalsamar o corpo, perguntando-se como arrastarão a pesada pedra. Nesse momento, elas sentem a terra tremer. Ao chegar ao local onde estaria Jesus, deparam-se com o túmulo aberto e não encontram o corpo. Porém, um anjo lhes explica que Jesus ressuscitara. Elas correm para avisar os outros discípulos.

Segundo o relato de São João, ele e Pedro, incrédulos, retornam ao sepulcro com Maria Madalena, que está agitada. Os dois homens entram, encontram o sudário e os panos de linho, mas nem sinal do corpo. Eles voltam para casa.

Enquanto isso, Maria Madalena se demora do lado de

fora. Dois anjos aparecem, sentados no túmulo, e perguntam a ela por que está chorando. Um homem surge às suas costas e faz a mesma pergunta. Pela voz, ela reconhece Jesus e se joga a seus pés. Jesus, então, pede que ela vá anunciar a boa-nova.

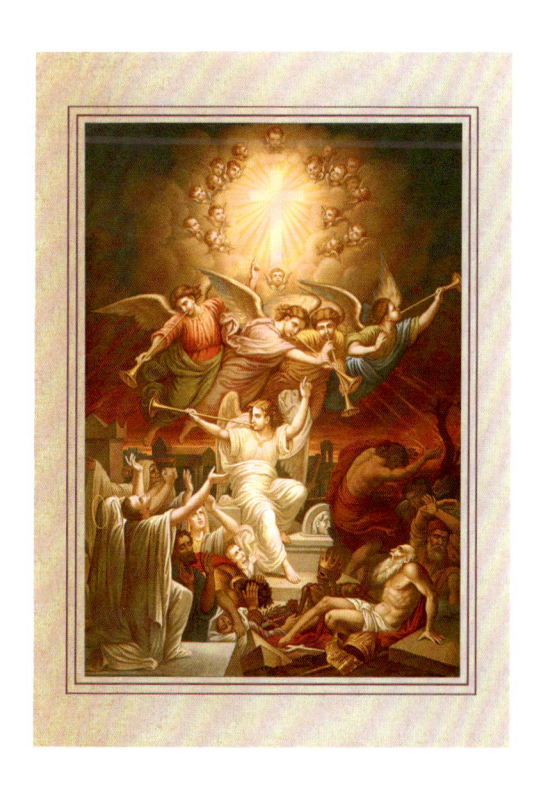

OS ANJOS NA TRADIÇÃO JUDAICA

Segundo o Talmude, os anjos vieram da Babilônia com os israelitas, e seus nomes são emprestados da religião persa. Eles foram feitos no segundo dia da Criação, e sua substância é metade água, metade fogo.

Cada anjo possui uma função específica: Miguel é o guardião dos filhos de Israel, Gabriel dá força e coragem, Uriel ilumina os homens em meio às trevas, Rafael cuida da saúde física e espiritual das pessoas.

Segundo a tradição judaica, durante o Yom Kippur cada fiel deve se comportar como se fosse um anjo: não deve comer nem beber.

Antes de dar início ao jantar do sabá, canta-se o alegre "Shalom Aleichem", um poema litúrgico judaico. Dão-se as boas-vindas aos anjos, que vêm conferir se a casa está bem cuidada e apropriada para a cerimônia. Na sequência, eles darão seu parecer a Deus. "A paz sobre vós, anjos servidores, enviados do Altíssimo, do Rei dos reis dos reis..."

Uma lenda diz que, na noite do sabá, cada judeu é acompanhado por dois anjos. Se as velas queimam, trata-se do anjo bom dando uma bênção; se não queimam, é o anjo mau.

לשנה טובה תכתבו
A happy New Year

אָ וועה: איז דיימעל דאָרט
געהט אויף דיין העלער שטערען:
דו ווערסט מיט מזל דיי־יאָר
אַ כלה ווערען.

MAIMÔNIDES E OS ANJOS

Moisés Maimônides foi um rabino andaluz do século XII, médico e filósofo, jurista, além de dirigente da comunidade judaica do Egito. Ele admirava Aristóteles e teria grande influência sobre Santo Tomás de Aquino, que lhe daria a alcunha de "Águia da Sinagoga".

Maimônides chamava os anjos de "Inteligências", palavra que também designava os astros. O filósofo sustentava que a antiga tradição judaica considerava dez níveis ou ordens de anjos, mas queria dividi-los em duas classes: a dos anjos "permanentes", eternos, e a dos anjos "perecíveis", criados num dado momento da história. Para ele, os profetas também eram anjos, enviados de Deus.

Os anjos em geral seriam invisíveis, mas assumiriam forma humana para se colocar ao alcance da fraca inteligência humana. Escreveu Maimônides: "Sempre que são mencionadas a visão de um anjo ou suas palavras, trata-se de uma profecia ou de um sonho."

Sua forma de pensamento inspirou filósofos gregos, interpretando a religião de forma bastante idealista.

לשנה טובה תכתבו

פליהט דער מלאך גלייך פון הימל:
משר די קליינע קינדערים וועגען:
"זאל דאס נייע יאר אייך לייכטען
מיט גליק און פרייד און זעגען"

"ANJO DIVINO, QUE MINHAS CHAGAS ACALMA"
Pierre de Ronsard (1524-1585)

Anjo divino, que minhas chagas acalma,
Ó, mensageiro e emissário dos deuses,
Por que fresta te esgueiraste dos céus
Para vir sanar as dores de minha alma?

Quando a noite pelo pensar me inflama,
Tu, condoído do mal que me assola,
Em meus braços, ou diante dos meus olhos,
Pões a pairar a imagem de minha Dama.

Fica, Sonho, detém-te ainda um bocado!
Espera, manhoso, até eu estar saciado
Do belo seio cujo desejo me devora

E dessas ancas que me fazem desvairar:
Deixa ao menos em sonhos, se não de verdade,
Que uma noite inteira eu os possa beijar.

BOUASSE-JEUNE Cie FRANCE

644

O ANJO DE FÁTIMA

Fátima é uma pequena cidade situada a 130 quilômetros ao norte de Lisboa. Em 1915, era uma paróquia rural composta por diversos vilarejos. O nome do povoado hoje é famoso porque, em 1917, lá ocorreram aparições da Virgem a três jovens pastores. Um fato menos conhecido é que um anjo se revelou para algumas crianças nos dois anos anteriores.

Em 1915, Lúcia, uma pequena pastora de 8 anos, estava no campo rezando o terço com outras duas meninas quando, contou ela, surgiu no ar uma espécie de estátua de neve, que desapareceu ao fim das orações. A experiência se repetiu mais duas vezes, mas as meninas, acusadas de mentir, foram repreendidas por seus pais. No ano seguinte, na primavera de 1916, Lúcia estava acompanhada de Francisco e Jacinta, dois primos seus, quando o anjo apareceu novamente, precedido por uma forte rajada de vento. Dessa vez, o ser celestial lhes dirigiu a palavra, anunciando-se como o Anjo da Paz e pedindo que rezassem com ele.

No verão, ele surgiu novamente. Convidou-os a rezar e fazer sacrifícios, porém, nessa ocasião, disse ser o Anjo de Portugal. No outono, por fim, estando as crianças recolhidas numa gruta, a mesma figura branca, luminosa e quase transparente ressurgiu, segurando um cálice numa mão e uma hóstia na outra. Ela tomou a palavra para rezar e lhes deu a comunhão: era o Anjo da Eucaristia. Essas aparições, que as crianças a princípio não relataram por medo de serem repreendidas, são tidas como sinais precursores das aparições da Virgem.

SANTA FRANCISCA ROMANA E SEU ANJO DA GUARDA

Francisca Bussa di Leoni nasceu em 1384, em Roma, numa família nobre. Desejava entrar para o convento, mas seu pai lhe arranjou um casamento. Ela então aceitou seu destino e se mostrou uma esposa e uma mãe perfeitas.

Certa manhã, ao despertar, enquanto contemplava sua filhinha adormecida, apareceu João Evangelista, seu menino já falecido, em meio a um forte clarão, acompanhado de um arcanjo. O garoto lhe disse que o anjo fora enviado para ficar com ela e consolá-la, pois sua filha também estava prestes a ir para o céu – isso, infelizmente, de fato aconteceu depois.

Francisca então dedicou sua vida à caridade. Após a morte do marido, recolheu-se num convento, onde veio a falecer em 1440. Foi canonizada em 1608. Costuma ser representada acompanhada por seu anjo da guarda, que muito a protegeu durante as epidemias e as guerras e permaneceu ao seu lado em todas as vicissitudes.

S. Francesca.
Ste Françoise. ✦ ✦ S. Francisca.
Hl. Francisca ✦ St Franzisca.

OS ANJOS E O PROTESTANTISMO

A posição adotada pelo protestantismo em relação aos anjos é similar à expressa por Calvino. Ele se fundamentava na Bíblia e nos episódios em que aparecem os anjos enviados de Deus. Acreditava na queda dos anjos, em sua presença ao lado de Deus a fim de servi-lo e louvá-lo.

Reparava, ainda, que não são descritos nos textos sagrados nem possuem identidade definida (sua criação não é mencionada no Gênesis, por exemplo). E mencionava carinhosamente os anjos em várias de suas pregações, mas sempre lembrando que são "criaturas de Deus" e que o enviado para salvar o mundo é um só: Jesus Cristo.

Para Calvino, não se devia jamais adorá-los, devotar-lhes culto ou pedir que interviessem em nosso favor junto a Deus. Ele se situava, portanto, na mesma linha de pensamento de São Paulo.

JHS

FRA ANGELICO, O "PINTOR DOS ANJOS"

Esse pintor é conhecido por diversos nomes: Guidolino di Pietro, Fra Giovanni da Fiesole na vida religiosa e, por fim, Fra Angelico ou Beato Angelico. Viveu na Itália no século XV, o Quattrocento. Sua arte pode ser situada entre os valores medievais e a renovação insuflada pela primeira Renascença.

Após uma rica formação artística em Florença, ele ingressou em um dos ramos da ordem dominicana e se ordenou padre em 1427. Nessa mesma época, sua fama como artista cresceu muito rapidamente. Assim, Fra Angelico produziu obras para a Igreja San Domenico de Fiesole e para o Convento de San Marco em Florença e, por encomenda dos Médici, assumiu a decoração da capela-mor da Basílica de São Pedro, em Roma.

Dedicou-se, assim, a pintar temas religiosos, retábulos, painéis e afrescos. Ele virou referência para toda uma escola de miniaturistas e pintores florentinos, além de influenciar fortemente, por seu tratamento da luz, o posterior desenvolvimento da pintura italiana.

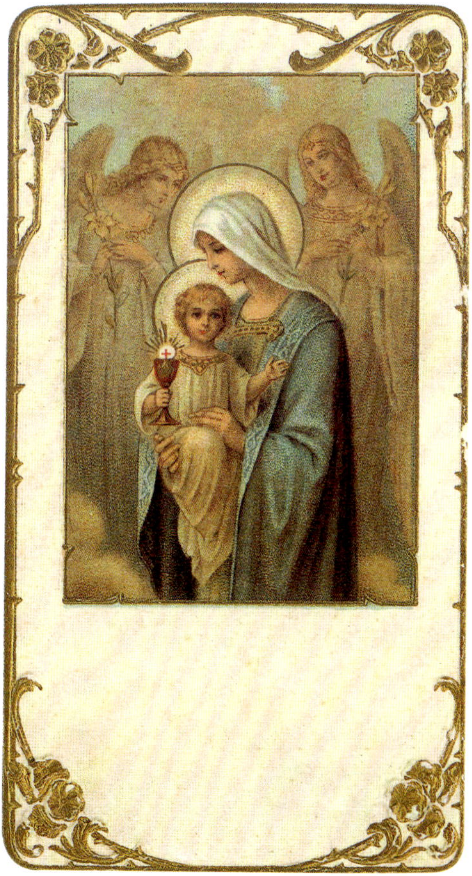

O JOIO E A COLHEITA CELESTE

◈

Nas cartas de São Paulo, anjos e arcanjos são arautos que anunciam o fim do mundo, quando então louvam o Senhor, que desce dos céus, e presidem a justiça. Segundo os evangelistas São Marcos e São Mateus, os anjos assistem ao Juízo Final, mas em seguida se tornam executores do castigo, concretizando a parábola do joio e do trigo.

Conta Jesus nessa parábola que o joio, erva daninha, foi semeado pelos demônios em meio a um campo de trigo. Em vez de tentar separar as sementes nessa etapa do cultivo, é preciso deixar que todas cresçam. O tempo da ceifa servirá para separar os rebentos, juntar as ervas daninhas para serem queimadas e recolher o trigo.

Jesus destaca o cerne dessa parábola ao anunciar que os anjos serão os ceifeiros da colheita celeste do Juízo Final: irão separar os maus dos justos e lançar os maus na fornalha. Antes do derradeiro cataclismo, que fará desaparecer o sol e a lua e causará a queda das estrelas, o Filho de Deus enviará os anjos, que, ao som de trombetas e com sua voz vibrante, reunirão os eleitos.

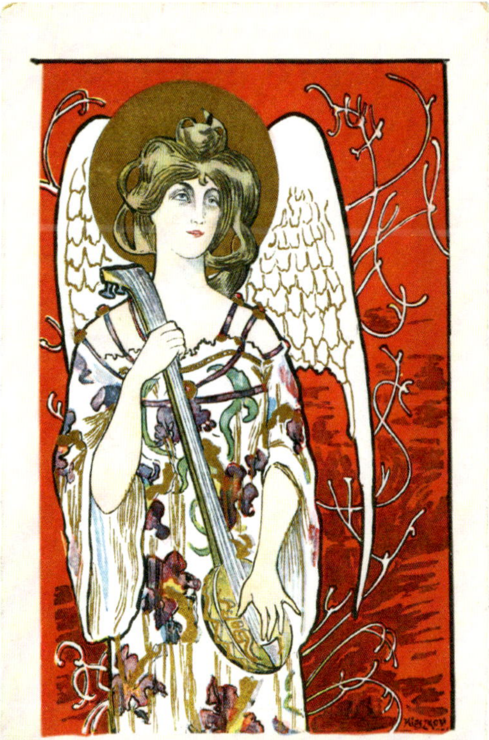

OS PASTORES E OS ANJOS

O anúncio da Natividade feito aos pastores estabeleceu certa cumplicidade entre eles e os anjos. Há várias lendas que relatam essa conexão de forma significativa.

Felice Porri nasceu em 1515 em Cantalice, na Itália. Aos 12 anos, era um pastorzinho que, na hora dos ofícios, confiava seu rebanho à Providência divina, sendo então substituído pelo anjo da guarda em suas tarefas. Testemunhas afirmaram ter visto o anjo em ação. Aos 28 anos, esse pastor se tornou capuchinho em Roma, passando a chamar-se Fra Felice. Morreu em êxtase em 1587, aos 72 anos, diante da Virgem e de todos os anjos.

Algo semelhante aconteceu, na mesma época, com o pequeno Jorge de Calzado, na Espanha. Outros pastores, invejosos, o denunciaram ao patrão, que resolveu vigiá-lo e ficou espantado ao ver seu anjo da guarda. Jorge explicou que o anjo assumia seu lugar enquanto ele assistia à missa, e o patrão decidiu mantê-lo a seu serviço. Aos 30 anos, Jorge ingressou na ordem dos franciscanos. Tornou-se um mestre espiritual, iluminado por seu anjo da guarda.

Já Pascoal Bailão (1540-1592), outro pastor espanhol que se fez franciscano, não abandonava seu rebanho para ir à missa, mas tanto participava dela em pensamento que seu anjo da guarda apareceu para lhe oferecer a hóstia e lhe expor o Santo Sacramento para adoração. Reza a lenda que os anjos ensinaram Pascoal a ler e escrever. Foi canonizado em 1691.

Meu anjo irá adiante de ti e te guardará pelo caminho. – ÊXODO

"NO ESCURO DA ALCOVA"
Victor Hugo (1802-1885)

[...] Ele dorme, inocente!
Os anjos serenos
Que sabem previamente
A sorte dos humanos,
Ao vê-lo desarmado,
Sem susto, sem alardes,
Põem beijos marejados
Nas suas mãos pequenas.
Com os lábios afagam
Seus lábios de mel.
O menino vê que choram
E diz: Gabriel!
O anjo então o toca
E, embalando seu berço,
Um dedo sobre a boca,
Ergue o outro para o céu! [...]

SOUVENEZ-VOUS, Ô, MON BON ANGE-GARDIEN, QUE LE SEIGNEUR VOUS AYANT CONFIÉ LE SOIN DE MON ÂME, VOUS EN ÊTES DEVENU LE PROTECTEUR ET L'AMI. PROTÉGEZ-MOI, DIRIGEZ-MOI.

E. M. Bn.   MADE IN BELGIUM   O. 2

Lembra-te, ó meu bom anjo da guarda,
que o Senhor te confiou o cuidado de minha alma,
e dela assim te tornaste protetor e amigo.
Protege-me, guia-me.

POR QUE SE DIZ "OS SANTOS ANJOS"?

A santidade é o estado daquele que se distingue especialmente por sua obediência aos decretos divinos, sua proximidade com Deus e sua elevação de espírito, sendo uma influência exemplar para os homens. Os anjos têm um status particular. Puros espíritos imateriais, foram criados para servir a Deus e cantar seu louvor. Alguns, porém, se rebelaram, enquanto outros perseveraram.

O Catecismo nos ensina que aqueles que se mantiveram fiéis se veem para todo o sempre num estado permanente de bem-aventurança e felicidade perfeitas, algo que jamais poderão perder, que poderão desfrutar pela eternidade.

Segundo alguns comentadores, os humanos foram criados antes do pecado original para compor a décima classe dos anjos, a mais baixa. No entanto, tendo sido expulsos por Deus, que postou guardas celestes a leste do Éden para impedir que retornassem, foram retirados da hierarquia celeste. Graças ao sacrifício de Cristo e à redenção, o lugar dos homens de bem será o mais próximo de Deus quando ressuscitarem, inclusive acima da primeira classe dos anjos, a dos serafins.

Santos anjos, fazei com que nos acerquemos da Mesa Santa com o mesmo respeito e amor com que cercais o Deus oculto da Eucaristia.

"OS ANJOS MUSICISTAS"
Maurice Carême (1899-1978)

Nos fios finos da chuva
Harpejam horas sem fim
Os anjos da quinta livre
E Mozart sob seus dedos
Soa adoravelmente
Em pingos azuis faceiros,
Pois é Mozart, sempre ele,
Que tocam infindavelmente
Os anjos musicistas,
Que por toda a quinta-feira
Insistem em trinar na harpa
A doçura da chuva fresca.

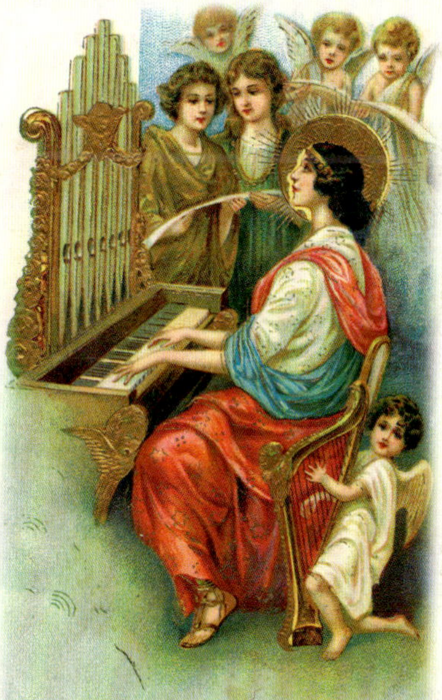

O ÊXTASE DE SANTA TERESA D'ÁVILA

Santa Teresa d'Ávila nasceu em 1515. Essa santa espanhola de vocação tardia foi canonizada em 1622, tendo reformado a ordem das carmelitas, à qual pertencia.

No relato de suas experiências místicas, contou que um dia, ao entoar um hino depois de passar muito tempo em oração, entrou num estado de êxtase que quase lhe deu medo. Uma voz lhe disse: "Não quero mais que converses com os homens, somente com os anjos."

Um querubim apareceu, então, repetidas vezes a Teresa, à sua esquerda, pequeno, muito bonito, de rosto exultante, segurando uma espada de ouro inflamada. De tempos em tempos, cravava a arma no coração da santa.

Ela descreve uma dor mística intensa, mesclada a uma felicidade das mais doces. Esse êxtase, provocado pela sensação de coração transpassado – assim como o coração de Jesus na cruz, perfurado pela lança do soldado romano –, também é chamado de "transverberação".

Essa é a cena que o célebre escultor barroco Bernini escolheu representar na capela da família Cornaro, na Igreja Santa Maria della Vittoria, em Roma, em 1652.

SANTA TERESA DI GESÙ

A ASSUNÇÃO DA VIRGEM MARIA

Os textos sagrados não descrevem a morte de Maria. Somente no século V são redigidos textos biográficos reunindo elementos esparsos de sua vida, uma espécie de lenda fantástica vista com reservas pela Igreja.

Conta-se que Maria encontra um anjo no monte das Oliveiras. Ele lhe oferece um ramo da Árvore da Vida e lhe anuncia seu fim próximo. Milagrosamente, todos os apóstolos aparecem ao redor. Jesus também surge, cercado de anjos, e confia a alma de sua mãe ao arcanjo Miguel.

Esse episódio, conhecido como "Dormição de Maria", é consequência de sua condição imaculada. A Virgem não passa pela morte.

Maria é sepultada e, dias depois, Jesus volta para buscar seu corpo e levá-lo para o céu junto com os anjos. Trata-se, para os católicos, da Assunção propriamente dita, ao passo que os ortodoxos consideram esse acontecimento ainda parte da Dormição.

Os diferentes calendários a comemoram na mesma data, 15 de agosto, instituída no século VI pelo imperador bizantino Maurício. Para além de um dogma ou de uma crença oficial, é, antes de mais nada, uma grande festa popular.

Os dogmas da maternidade divina de Nossa Senhora e de sua virgindade perpétua foram estabelecidos pela Igreja Católica nos anos 431 e 649, respectivamente. Já os demais são relativamente tardios: em 1854, o da Imaculada Conceição e, em 1950, o da Assunção. O protestantismo rejeita todos esses dogmas.

MARIA, RAINHA DOS ANJOS

A representação de Maria reinando sobre os anjos se torna bastante frequente após o desenvolvimento de seu culto, entre os séculos XIII e XV. Nesse tipo de imagem, Nossa Senhora pode ser vista cercada por anjos musicistas que cantam para ela.

Os episódios importantes de sua vida são marcados pela aparição dos anjos: a Anunciação, a Natividade, a Assunção. O concerto angélico evoca o Paraíso: os anjos cantores estão por toda parte, às vezes com bandeirolas que pairam sobre eles e trazem os versos dos Salmos; anjos musicistas também figuram nas iluminuras, nos afrescos das capelas e vitrais.

Na Catedral de Le Mans, contam-se nada menos que 47 anjos num afresco que orna o teto da capela da Virgem, dos quais 15 tocam um instrumento musical. Entre os vários instrumentos representados para acompanhar os louvores à Virgem, há inclusive a viola de arco – um atributo profano do trovador para cantar sua dama, convertido em elemento do culto mariano.

Gratitud Nacional - Santiago

OS ANJOS NO ORIENTE CRISTÃO

O Oriente cristão costuma se referir à missa como a "Santa Sinaxe", isto é, a convocação sagrada do povo de Deus, adotando um termo que, no rito ortodoxo, designa a assembleia dos santos ou dos anjos.

Como todas as criaturas de Deus, os homens são chamados a glorificar o Senhor e se unirem ao incessante canto de louvor dos seres celestes.

Em 8 de novembro se celebra, então, no calendário ortodoxo, a "Sinaxe dos Arquiestrategos da milícia celeste, Miguel e Gabriel, e das demais potências celestes e incorpóreas", em memória do papel cumprido por São Miguel ao reunir os coros celestes após a rebelião de Lúcifer e dos anjos caídos.

Na arte bizantina, especialmente em ícones, denomina-se "sinaxe dos arcanjos" a representação de Rafael vestido de sacerdote entre Miguel, o guerreiro, e Gabriel, o pacífico, os três segurando uma imagem de Cristo. Eles simbolizam os poderes religioso, militar e civil.

*Santos anjos de Deus, que o veem face a face,
rendei mil ações de graças por mim.*
– ANTIGO MANUSCRITO

OS ANJOS EM SOCORRO DOS MÁRTIRES

Durante o exílio na Babilônia, um jovem judeu chamado Daniel se destaca na corte, tornando-se muito influente sob o reinado de Dario. Os cortesãos, que o detestam, solicitam que seja promulgado um decreto real que proíba qualquer pessoa de dirigir uma prece a quem quer que seja, deus ou homem, exceto ao rei, sob pena de ser lançada aos leões.

Ocorre que Daniel costuma rezar três vezes por dia a Javé, o Deus bíblico, e não modifica seus hábitos de devoção. Os intrigantes da corte o denunciam: Dario, a contragosto, pronuncia a condenação, e Daniel é jogado na cova das feras.

Quando, ao amanhecer, o rei vai verificar, angustiado, o que aconteceu a Daniel, encontra-o ileso. O jovem lhe diz: "Meu Deus enviou seu anjo e fechou a boca dos leões, de tal modo que não me fizeram mal. Pois eu fui considerado inocente diante dele." Dario então ordena que o retirem dali, restabelece sua posição na corte e, na mesma cova, manda jogar os cortesãos, que são devorados num instante.

Daniel tem como companheiros Ananias, Azarias e Misael, os "três jovens da Babilônia". Eles se recusam a se curvar diante da estátua de ouro erigida a mando do rei, então são amarrados juntos e jogados numa fornalha.

O calor deveria matá-los, mas os três homens saem do fogo sãos e salvos. O rei então reconhece o poder de seu Deus e compreende que o vulto que vislumbrou entre os jovens em meio às chamas era o Anjo do Senhor.

*Santos Anjos de Deus, que o veem face a face,
rendei mil ações de graças por mim.*
— ANTIGO MANUSCRITO

AS VOZES DE JOANA

A pequena pastora de Domrémy só se tornou Joana d'Arc, heroína e santa francesa, depois de ouvir vozes milagrosas. Entre elas, estava a de São Miguel Arcanjo, chefe das legiões celestes que derrotou o dragão satânico.

Vale dizer que, na época, a devoção por esse anjo era especialmente fervorosa: fosse no monte Saint-Michel ou na comuna de Le Puy-en-Velay, as peregrinações tinham muitos adeptos. Carlos VII chegou a mandar estampar a efígie do arcanjo em seus estandartes.

Aos 13 anos, a jovem foi surpreendida por um forte clarão e pelo som de uma voz muito nobre; ela compreendeu que era São Miguel, cercado de anjos. Durante quatro anos receberia seus ensinamentos. E, ao longo de toda a sua missão, seria amparada por essas vozes.

Assim, em maio de 1428, durante o Cerco de Orléans, quando se temia que um movimento dos sitiados pudesse dar fim às frágeis tropas de Joana, ela tirou o capacete e pareceu cumprimentar personagens invisíveis. Em seguida, incentivou os combatentes, dizendo que na "companhia de seus homens" se encontravam tropas de anjos.

La Vénérable Jeanne d'Arc.

A venerável Joana d'Arc.

OS ANJOS NOS APOCALIPSES

O sentido grego do termo "apocalipse" é "revelação". No entanto, como as revelações nas obras apocalípticas focam principalmente o fim do mundo, o termo teve seu sentido alterado.

Nos Apocalipses, os guias das almas virtuosas são comumente representados pelos anjos Fanuel, Ramiel e Jehiel, ou ainda Uriel.

Nos Evangelhos, quando evoca o fim do mundo, Jesus menciona os anjos que cercam o Pai em sua glória. Mas quem fará justiça é o Filho, aclamado pelos coros das "miríades de miríades, milhares de milhares" de anjos.

Essa segunda vinda do Messias à terra, aguardada pelos cristãos, é chamada de "parúsia" no vocabulário teológico e significa "chegada, presença". Trata-se da presença gloriosa de Jesus dominando todo o mundo, tendo os anjos como testemunhas privilegiadas.

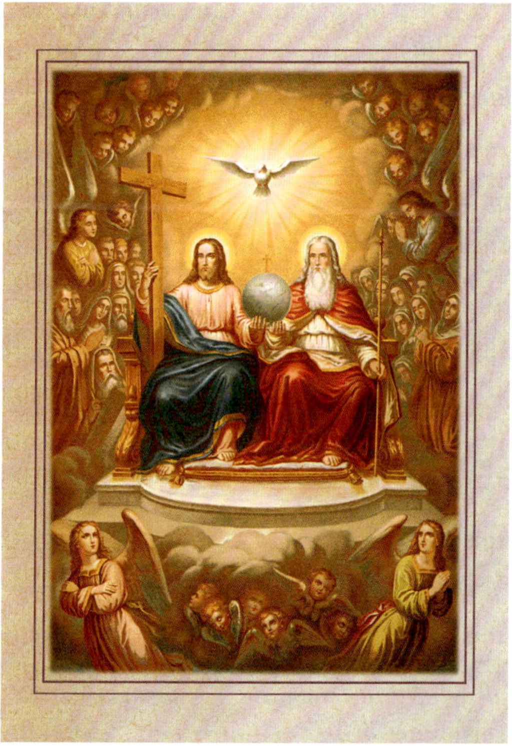

O APOCALIPSE DE SÃO JOÃO

O Apocalipse de São João se apresenta como uma profecia sobre o final dos tempos, revelada ao apóstolo por um anjo. Outro anjo dá a João um livro que ele deve devorar. Embora, na boca, tenha gosto de mel, se torna amargo em suas entranhas. O discípulo, no entanto, deve continuar se alimentando de todas as revelações que lhe são feitas.

Os anjos são onipresentes: veem-se em ação, por exemplo, os que guardam cada uma das sete Igrejas da Ásia Menor. Já os "sete anjos das sete taças cheias com as sete últimas pragas", isto é, os últimos flagelos, mostram a Jerusalém celeste.

São anjos que proclamam o decreto divino, executam-no e confirmam as predições de Cristo e seu papel de juiz final. Alguns levam o incenso, um deles apresenta eternamente a Deus as orações dos santos; outros estão armados e participam do grande combate travado pelo arcanjo Miguel contra a figura demoníaca do dragão, que termina lançado no abismo.

Por fim, na luta entre a Besta, que representa Satanás, e o Verbo divino, Jesus, os anjos formam uma escolta celeste, com vestes de linho branco e puro, montados em cavalos brancos.

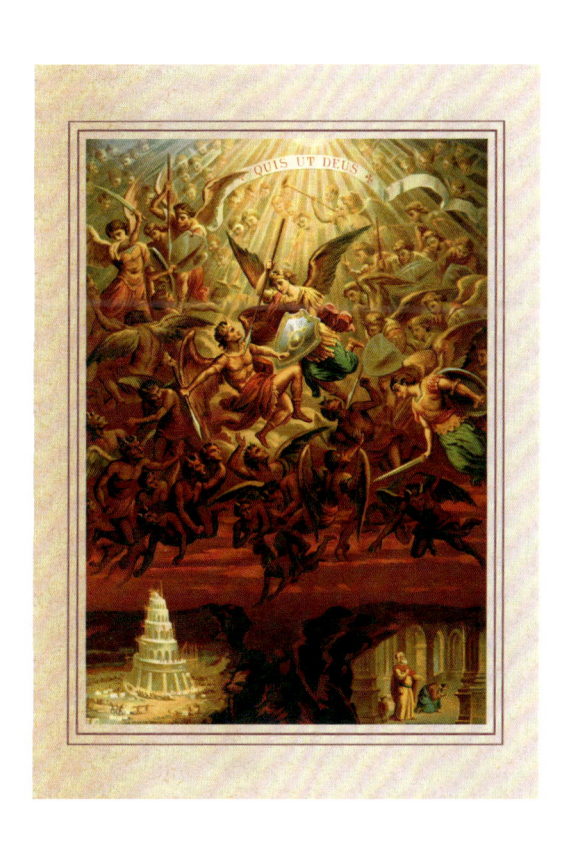

Quem é como Deus?

AS TROMBETAS DO JUÍZO FINAL

No Apocalipse de São João, sete anjos fazem ressoar sete trombetas, dando assim o sinal para o início das catástrofes: ao som da primeira, irrompe uma chuva de granizo, fogo e sangue; ao da segunda, uma montanha incandescente é lançada no mar, que se converte num lago de sangue, aniquilando inúmeros animais marinhos; ao da terceira, cai uma estrela sobre os rios, transformando suas águas numa bebida amarga e tóxica.

Ao som da quarta trombeta, boa parte do sol, da lua e das estrelas imerge em escuridão, o que vai intensificando o cataclismo. A quinta causa a queda de mais uma estrela, que abre o poço do Abismo, de onde surge uma multidão de agressivos gafanhotos que torturam os pecadores por ordem do Anjo do Abismo, chamado de Abadom, em hebraico, e Apoliom, em grego.

A sexta dá ordem para soltar os quatro anjos do Apocalipse que estavam acorrentados: os cavaleiros armados investem então contra os homens e os matam. A sétima e última trombeta anuncia a adoração de Cristo por 24 anciãos, que descem de seus tronos em reverência, enquanto o Templo celeste abre suas portas, permitindo ver a Arca da Aliança.

O Julgamento.
O Juízo Final.

ISIDORO E OS ANJOS LAVRADORES

Isidoro e sua esposa viviam na Espanha. Depois que a Providência divina salvou milagrosamente seu filho de se afogar num poço, fazendo a água subir bruscamente para trazê-lo até a borda, o casal decidiu se separar e fazer um voto de continência, dedicando-se à oração.

Isidoro, contudo, era um lavrador. Como conciliar seu trabalho árduo com as preces frequentes, sendo que ele ainda fizera a promessa de assistir diariamente à missa? Todo dia, na hora do culto, Isidoro se ausentava da lavoura e Deus enviava anjos, que executavam o trabalho em seu lugar. Às vezes, empurravam seu arado; outras vezes, um segundo arado, puxado por dois bois brancos cintilantes, abria mais um sulco ao lado do primeiro. Os outros lavradores, com inveja, o denunciaram ao patrão, que, no entanto, mostrou-se tolerante.

Diz-se que Isidoro foi autor de diversos milagres, como ressuscitar a filha de seu mestre e fazer uma fonte de água fresca irromper da terra seca a fim de matar sua sede. Morreu em 1170 em Madri, cidade da qual é hoje o santo padroeiro. Quarenta anos após sua morte, quando foi necessário deslocarem seu corpo, perceberam que ainda estava incorrupto. Foi canonizado em 1622.

S.T ISIDORE.

Lorsque nos mains ont touché des aromates, elles embaument tout ce qu'elles touchent : faisons passer nos prières par les mains de la S.te Vierge, elle les embaumera.

(Extr. de la Vie du Curé d'Ars.)

Déposé.

Santo Isidoro.

Depois que mexem em ervas aromáticas, nossas mãos perfumam tudo o que tocam: deixemos passar nossas preces pelas mãos da Virgem Maria, ela as perfumará.
– TRECHO DE *A VIDA DO CURA D'ARS*

CANTIGA AMALFITANA

Quando, aos doze anos, sentada à sombra do pomar,
Ao pé dos limões em flor e das rosas amendoeiras,
Saía de todas as coisas o sopro da primavera,
E fazia, de mansinho, meu cabelo esvoaçar,
Em minha alma sussurrava uma voz, tão suave,
Que corria em minha pele um arrepio de prazer.
Não era som de sino, nem de flauta ou aragem,
Não era voz de menino, de homem ou de mulher;

Eras tu, eras tu, ó meu anjo da guarda,
Era o teu coração já falando com o meu! [...]

Agora estou sozinha, e velha de brancas melenas;
E junto dos arbustos, protegida da borrasca,
Enquanto atiço o fogo e aqueço as mãos cansadas,
Tomo conta dos cabritos e das crianças pequenas.
Essa voz, entretanto, dentro do meu peito
Me entretém, me consola e ainda me fascina.
Já não é a mesma voz da manhã de minha vida,
Nem a voz amorosa daquele que pranteio;

Mas és tu, sim, és tu, ó meu anjo da guarda,
E o teu coração chora junto com o meu!

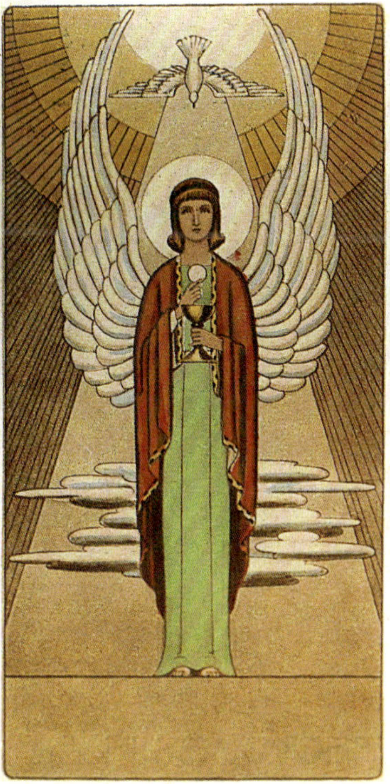

JACÓ E OS ANJOS

Jacó é um personagem da Bíblia que tem diversos contatos com os anjos. Ele é um dos netos de Abraão. Seus pais, Isaac e Rebeca, têm dois filhos gêmeos, Esaú e Jacó. Esaú é o preferido do pai. Usando um disfarce, Jacó se passa por seu irmão e obtém a bênção do pai cego. O conflito travado entre os irmãos leva Jacó a fugir. Ele caminha até o anoitecer e cai de exaustão.

Durante o sono, é surpreendido por um sonho: "Eis que uma escada se erguia sobre a terra e seu topo atingia o céu, e anjos de Deus subiam e desciam por ela." No topo da escada, Deus, em plena luz, anuncia-lhe que toda a terra ao redor há de ser sua e de sua numerosa descendência, que o guardará aonde quer que Jacó vá e que o reconduzirá a esta terra prometida.

Jacó então se afasta por um longo tempo da terra de seu pai. Vai morar na Mesopotâmia, onde forma uma família. Decide, por fim, retornar a Canaã, terra de Abraão, e enfrentar a ira do irmão.

Envia na frente sua família, com servos e rebanhos para presentear Esaú, a fim de aplacá-lo, e fica sozinho. Então, é atacado no caminho por um homem misterioso, com quem luta a noite inteira.

Ao amanhecer, o homem o abençoa e diz que deve adotar o nome de "Israel", termo hebraico que significa "aquele que lutou contra Deus". Jacó compreende então que o misterioso personagem é o Anjo do Senhor. Após esse embate, Jacó passa a mancar de uma perna.

SÃO DOMINGOS E OS ANJOS

Em Roma, São Domingos vivia no Convento Santo Sisto com seus discípulos. Dois dentre eles saíram para mendigar, e uma mulher, por fim, lhes deu um pão. No caminho de volta, entregaram o pão a um homem que lhes pedia esmola, então retornaram de mãos vazias.

Domingos os recebeu dizendo que o pobre com que cruzaram era um anjo e já não havia nada com o que se preocupar. Ele mandou chamar todos no refeitório para o jantar, mesmo não havendo nada para comer nem beber. Os frades tomaram lugar diante das mesas postas.

De repente, após a bênção e durante a leitura, surgiram dois jovens trazendo pães magníficos, que colocaram sobre as mesas, desaparecendo em seguida. Domingos então mandou buscar vinho no celeiro. Outro milagre: o barril estava cheio.

Assim, todos tiveram com que se alimentar durante três dias e deram o restante aos pobres. Num sermão, Domingos insistiu sobre a Providência divina, que atende as necessidades daqueles que creem.

VRAI PORTRAIT DE
S.ᵀ DOMINIQUE
conservé à Bologne dans la basilique
du Saint.

*Verdadeiro retrato de São Domingos
mantido em Bolonha, na basílica do santo.*

ANJOS, GÊNIOS E DEMÔNIOS NO ISLÃ

Para os muçulmanos, a crença nos anjos é um dos pilares da fé. A teologia muçulmana lhes dedica um lugar de destaque. Eles foram criados por Alá a partir da Luz, são inumeráveis e quase onipresentes: "Não há um lugar no céu com a largura de quatro dedos em que não haja um anjo com a fronte no chão, prosternado diante de Deus."

Os anjos não têm como cair em pecado. São assexuados e superiores aos homens e aos profetas, com exceção de Maomé, e da mesma natureza dos gênios (*jinns*) e dos demônios. Tal como na tradição judaico-cristã, oram a Deus, no caso Alá, e carregam seu trono nos sete céus.

Eles são alados, embora possam aparecer com outros traços, mas nunca com aparência de mulher. Inclusive, podem penetrar nos olhos de outros seres a fim de observar os atos de Deus. Também se infiltram nos corações. Gostam da luz, das preces e dos perfumes suaves; alimentam-se de tudo isso. Nas batalhas, os piedosos muçulmanos são assistidos pelos exércitos angélicos.

O anjo Djibril (Gabriel), diz Maomé, é dotado de 140 pares de asas. Reza a tradição que ele lhe apareceu certo dia, colocando-se a seu serviço e perguntando quais eram suas ordens. E, em vez de ordenar ao anjo que esmagasse seus inimigos entre duas montanhas, como este sugeria, o Profeta pediu que a descendência desses inimigos adorasse a Deus.

Maomé descreveu os imensos anjos que carregam o trono divino, e explicou que a distância que separa o ombro deles do lóbulo da orelha equivale àquela que um pássaro veloz leva setecentos anos para percorrer.

O correspondente islâmico de Satanás é chamado de Iblis (ou Eblis). Não é um anjo caído, mas um *jinn* orgulhoso que se recusou a curvar-se diante de Adão para saudá-lo, como Deus lhe ordenava. Distinguem-se, entre os *jinns*, aqueles que obedecem à ordem divina, que são os crentes, e os incrédulos (denominados *chayatin* ou *shayatin*), que se tornam os demônios.

MAOMÉ E OS ANJOS

Há diversos episódios milagrosos em que os anjos intervieram na vida de Maomé. Primeiro, aos 6 anos, dois anjos o visitaram, abriram seu peito e retiraram o coração. Assim, lavaram-no de toda mácula e o encheram de fé e coragem antes de recolocá-lo no corpo do Profeta.

Por volta do ano 610, enquanto meditava numa gruta do monte Hira, Maomé recebeu a visita do anjo Djibril, que lhe revelou que ele era o Enviado de Deus e ordenou que transmitisse sua palavra.

Djibril o guiou outra vez quando Maomé ascendeu aos sete céus montado em Burak, sua égua alada, para ir se encontrar com Adão, Jesus, João Batista, José, Enoque, Arão, Moisés e Abraão, numa viagem noturna relatada pelos hádices, isto é, as santas tradições muçulmanas.

Dizem também que, na morte do Profeta, seus companheiros estavam tão preocupados com a indicação de seu sucessor que se esqueceram de cumprir os ritos do funeral. Por esse motivo, os anjos Djibril e Azra'il o assistiram em sua agonia e se encarregaram dos cuidados fúnebres.

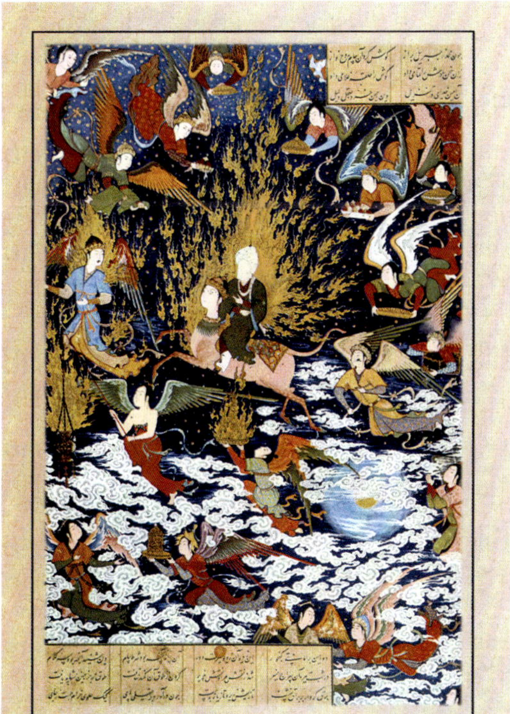

OS PRINCIPAIS ANJOS DO ISLÃ

Djibril (Gabriel): É denominado o "digno de confiança". Transmite a Revelação aos profetas. Usa um turbante de luz. Também dá uma pedra negra a Abraão quando este está reconstruindo a Caaba (Casa sagrada do Altíssimo) com seu filho Ismael.

Israfil (Rafael): Toca a trombeta da verdade no dia do Juízo Final. Ao primeiro sopro, tudo é fulminado; o segundo é o sinal da ressurreição.

Mika'il (Miguel): Reza a lenda que Deus, no princípio, pede-lhe para trazer argila a fim de modelar Adão, mas a Terra se recusa e o anjo retorna de mãos vazias. Deus, então, envia Azra'il, o Anjo da Morte, e a Terra cede. Maomé pergunta um dia a Djibril: "Como se explica eu nunca ter visto Mika'il rir?" Djibril responde: "Ele deixou de rir depois que o Inferno foi criado."

Harut e Marut: São dois anjos tentadores que incitam os homens ao pecado, mas alertam suas vítimas dizendo: "Estamos aqui para testá-los." O homem é livre para escutá-los.

Azra'il (Azrael): É o Anjo da Morte, que leva a alma dos moribundos.

Malik: Supervisiona o Inferno, enquanto Ridwan é o supervisor do Paraíso.

Os muçulmanos possuem um equivalente do anjo da guarda. O ser humano tem a seu lado dois anjos, um para as boas ações, outro para as más, que tratam de registrar todos os atos e todas as palavras daquele que acompanham. Quando um pecado é cometido, o anjo deixa passar seis horas antes de inscrevê-lo, dando ao pecador a oportunidade de se arrepender e de implorar por perdão.

Na mesquita de Meca fica a Estação de Abraão, a rocha em que Abraão subiu para construir a Caaba. No sétimo céu, situado na vertical acima da Caaba, local central de adoração, rezam setenta mil anjos.

Para os muçulmanos, antes da criação de Adão, os anjos se reuniam num ponto preciso de Jerusalém. A chamada Mesquita de Omar, ou Domo da Rocha, foi construída no século VII nesse lugar, na Esplanada das Mesquitas, pelo sultão Abd al-Malik. Esse ponto fica no alto do monte Moriá, acima de uma rocha sagrada de cerca de 9 metros de diâmetro, denominada Shetiyyah (Pedra). Diz-se que corresponde ao local da fundação do mundo. Ali aconteceram o sacrifício de Abraão, a construção do Templo de Salomão e a subida de Maomé ao Paraíso, conduzido pelo anjo Djibril.

OS ANJOS EM SÃO PAULO

Para São Paulo, os anjos do Antigo Testamento são enviados de Deus que transmitem Sua palavra, constituindo o meio caminho entre a onipotência divina e o status humano. Ele supõe, portanto, que Moisés não recebeu as Tábuas da Lei diretamente de Deus, mas que lhe foram entregues por um anjo.

Essa mesma concepção é encontrada em comentários de teólogos, que identificam como personagem central do episódio o arcanjo Miguel ou então Segansagael, o anjo da sabedoria. Além disso, há debates para saber se o anjo se limitou a dar as Tábuas ou se participou de sua redação.

Após a encarnação de Cristo, todavia, os anjos já não precisam desempenhar o papel de enviado do Senhor, segundo São Paulo. Jesus é Filho de Deus e somente a ele cabe revelar a Lei. Da mesma forma, no momento do Juízo Final, os anjos ou arcanjos cumprem o papel de arautos a anunciar o fim do mundo, de testemunhas, mas o Senhor é quem deverá descer do céu.

Acredita São Paulo, ainda, que os anjos cercam e protegem os humanos na terra, além de guardarem a Jerusalém celeste e cantarem o louvor de Deus no Paraíso, para onde irão os justos.

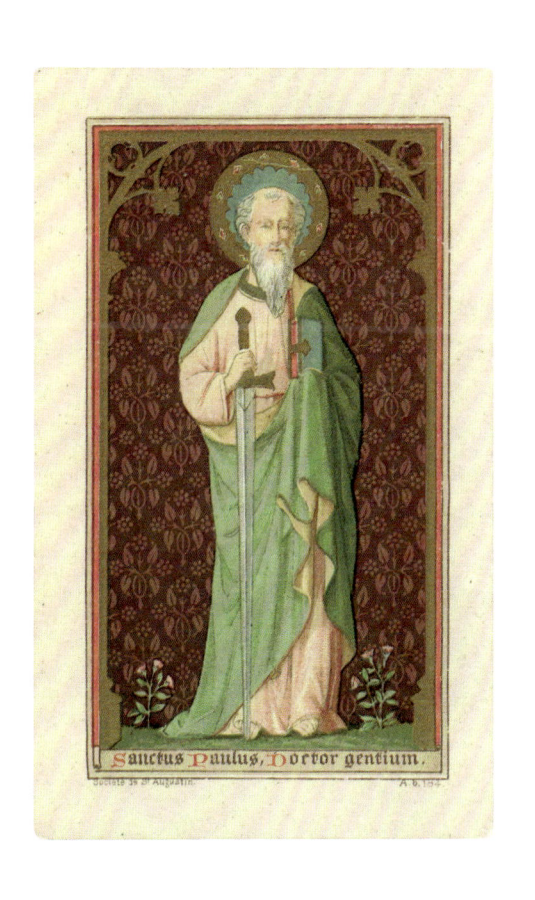

São Paulo, doutor dos gentios.

"ANJO DA GUARDA"
Maurice Rollinat (1846-1903)

Feminino arcanjo cujo olhar, incessante,
Reluz nevoento qual sol desolado,
Sossega essa mágoa em meu peito cansado,
Rainha da doçura, do sonho e do silêncio.

Ensina a coragem ao meu corpo prostrado,
Inspira-me o esforço que faz seguir em frente,
Livra-me do tédio que me torna temente,
E relustra minha esperança, velho gládio enferrujado.

Reacende em tua alegria o meu pobre riso desfeito;
Dissipa em mim o homem velho, e depois, dia e noite,
Deixa-me adorar-te como convém aos anjos!

Deixa-me adorar-te longe do mundo insano,
Ao dolente embalar dos teus olhos estranhos,
Que sopram, azuis, o alento de tua alma.

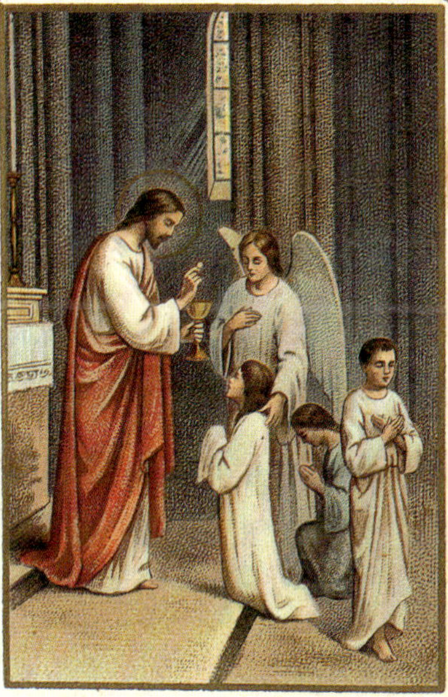

ELIAS NO DESERTO

Os anjos por vezes são sinônimo de auxílio e consolo, como bem ilustra um episódio envolvendo o profeta Elias.

Na época de Elias, Acab reina sobre Israel com sua esposa Jezabel, que pratica o indigno culto de Baal e Astarte. Certo dia, durante uma grande seca, Deus ordena a Elias que convoque os 450 sacerdotes de Baal ao monte Carmelo e mande preparar dois novilhos para o sacrifício. O profeta faz um desafio: ele e os outros devem invocar o nome do próprio deus. A divindade que responder ateando fogo ao novilho será reconhecida como o verdadeiro Deus.

Por mais que se esforcem, os sacerdotes não têm sucesso. Elias, por sua vez, manda encharcar seu animal de água e invoca o Deus de Abraão, Isaac e Jacó. O fogo desce imediatamente do céu e todos se prostram. A seca chega ao fim. Elias ordena, então, que matem todos os sacerdotes de Baal.

Jezabel se enfurece ao saber disso e exige o assassinato de Elias, que foge para o reino de Judá. Exausto de caminhar no deserto, ele se deita junto a um arbusto e clama pela morte. É despertado por um anjo, que lhe traz água e comida. Quando torna a dormir, o ser angélico vem outra vez despertá-lo, dando-lhe novamente com que se sustentar, pois o caminho será longo. Essa intervenção é decisiva: permite a Elias retomar sua marcha para o Sinai, onde Deus entregou as Tábuas da Lei. Deus aparece numa gruta para lhe dar novas ordens.

PEDRO LIBERTADO PELO ANJO

Como narrado nos Atos dos Apóstolos, o rei de Israel, Herodes Agripa I, que reina do ano 37 ao 44 sob o controle dos romanos, promove perseguições contra os membros da Igreja ainda incipiente. Assim, manda matar Tiago, irmão de João, e ordena a prisão de Pedro.

Em sua cela, amarrado por duas correntes e cercado por dois soldados, Pedro adormece. Sentinelas estão a postos. De repente, há uma intensa luz e surge o Anjo do Senhor. Tocando o apóstolo, acorda-o, dizendo: "Levanta-te, depressa!" As correntes se afrouxam e caem milagrosamente, e o anjo intima Pedro a se vestir e segui-lo. O homem se pergunta se tudo não passa de um sonho, mas obedece.

Juntos, passam pelos dois postos da guarda e chegam ao portão de ferro que dá para a cidade. Mais uma vez, o portão se abre sozinho. Enveredam por uma rua e o anjo desaparece. Pedro então compreende que não estava sonhando e foi realmente libertado pelo anjo. Pode, enfim, juntar-se a seus amigos.

Herodes, furioso, manda matar os guardas. Pouco tempo depois, trajando as vestes reais, inflado de orgulho, está discursando para o povo quando é violentamente ferido pelo Anjo do Senhor, por não estar honrando a Deus.

"Assim, roído de vermes, expirou", diz o texto sagrado.

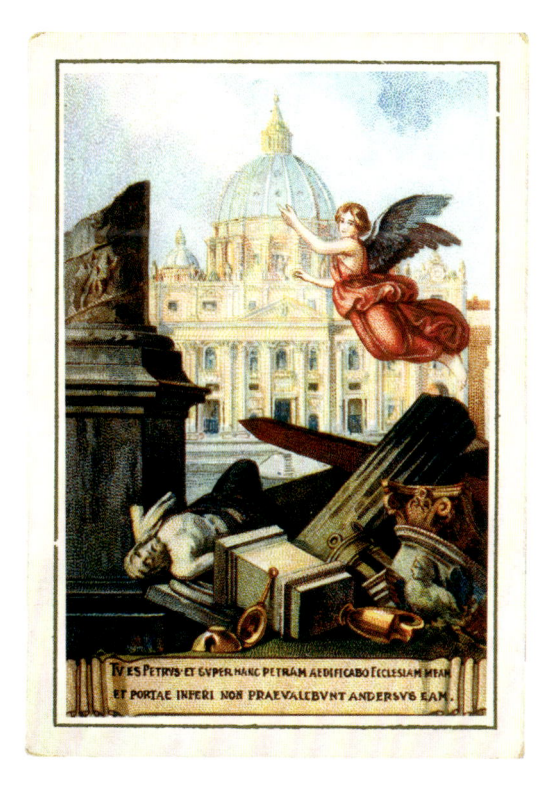

*Tu és Pedro, e sobre esta pedra
edificarei minha Igreja, e as portas do Inferno
nunca prevalecerão contra ela.*

ANGÉLICA OU A "ERVA DOS ANJOS"

Segundo a lenda, o arcanjo Rafael é quem revelou as propriedades dessa planta, uma umbelífera que pode chegar a dois metros de altura. Antigamente, ocupava um lugar de destaque nos jardins de plantas medicinais.

No Renascimento, também era conhecida como "arcangélica", "erva dos anjos" ou "erva do Espírito Santo". Era então considerada um remédio eficaz contra picada de escorpião, mordida de cobra e até de cão raivoso. Acreditava-se que seu elixir garantia a longevidade. Também era comum pendurá-la no pescoço das crianças para protegê-las de mau-olhado e feitiços, uma vez que seu aroma tinha fama de espantar os bruxos.

O alquimista, astrólogo e médico suíço Paracelso relata que, durante a peste de 1510 em Milão, as pessoas se protegiam contra a epidemia tomando uma mistura de vinho e pó de angélica. Não há registros se a planta era mesmo eficaz.

Todos os elementos dessa planta são aproveitados: as folhas como tempero em sopas e saladas, a raiz para uso medicinal e os caules em confeitaria, principalmente nas regiões de Niort e do Pântano de Poitou, na França, onde também se produzem geleias e licores de angélica. Foram freiras de Niort que começaram a utilizá-la na confeitaria. Seu comércio foi muito próspero no século XVIII e, ainda hoje, permanece como um grande clássico das frutas cristalizadas usadas na produção de alguns bolos.

Eis aquele que é adorado pelos anjos. Se d'Ele nos acercarmos com respeito e humildade, realizará em nós milagres de amor. – BEATA ÂNGELA DE FOLIGNO

OS ANJOS EM SODOMA

Conta o Gênesis que Abraão e seu sobrinho, Ló, partem para a Terra Prometida, porém Ló se estabelece em Sodoma, na planície do Jordão. A cidade é um local de perdição e seus habitantes são desprovidos de qualquer moral. Por esse motivo, Deus decide destruir o local. A fim de poupar Ló e sua família, envia dois anjos para avisá-los e pedir-lhes que fujam.

Quando os dois belíssimos jovens chegam às portas da cidade, Ló espontaneamente oferece hospitalidade, sem se preocupar em saber quem são. Eis, então, que vizinhos descontrolados e mal-intencionados tentam arrombar a porta da casa para agarrar os dois homens, de tão atraentes. Os anjos reagem, cegando os invasores e reforçando a porta para dar tempo de a família se reunir e organizar a partida. Transmitem a todos a ordem de ir embora sem olhar para trás.

Os genros de Ló se recusam a partir, então ele vai embora somente com a esposa e as duas filhas. No caminho, a esposa se vira, querendo olhar uma última vez para a cidade, que está em chamas. No mesmo instante, ela se transforma em uma estátua de sal. Ló segue com as filhas em direção às montanhas.

HOC FACITE IN MEAM COMMEMORATIONEM

Fazei isto em memória de Mim.

O ANJO DOS MÓRMONS

Joseph Smith Jr. (1805-1844) foi o fundador do mormonismo. Em 1820, ainda adolescente, ele teria testemunhado uma série de aparições. A mais significativa ocorreu na noite de 21 de setembro de 1823, quando o jovem estava orando: uma intensa luz clareou seu quarto e surgiu um anjo chamado Moroni, ou Nephi. O ser revelou que, num monte próximo dali, encontrava-se enterrado um texto sagrado, gravado em placas de ouro. Junto do texto estariam duas pedras sagradas que iriam ajudá-lo na tradução; trata-se de *urim* e *tumim*, mencionadas na Bíblia por Moisés, mais especialmente no livro do Êxodo.

Joseph Smith conta que o anjo voltou a visitá-lo nos quatro anos seguintes, sempre na mesma data. Então, em 22 de setembro de 1827, John foi até o monte Cumora e encontrou, enterrado, um baú de madeira contendo as placas de ouro, gravadas em hieróglifos, e uma espécie de óculos com armação de prata. Ele recebe a missão de traduzir o texto e revelar, assim, o livro da nova religião: *O Livro de Mórmon*.

Segundo esse texto sagrado, Moroni teria escondido o baú no monte Cumora no ano 421. O livro conta a história dos primeiros habitantes do continente americano. Fala de quatro grandes povos: jareditas, nefitas, lamanitas e mulequitas. Foram todos extintos, com exceção dos lamanitas, que seriam os principais ancestrais dos indígenas americanos. Jesus Cristo teria vindo à América após sua crucificação, trazendo seus ensinamentos ao povo ameríndio.

De acordo com a teoria mórmon, Moroni é o outro anjo mencionado por São João em seu Apocalipse, aquele que voa "no meio do céu, com um evangelho eterno para anunciar aos habitantes da terra, a toda nação, tribo, língua e povo".

Em 6 de abril de 1830, em Kirtland Hills, Ohio, Joseph Smith fundou a Igreja de Jesus Cristo dos Santos dos Últimos Dias, que, segundo ele, restabelece a Igreja original de Jesus Cristo, da qual se tornou o primeiro presidente. Joseph e seus fiéis, antiescravistas, fundaram, em 1839, a cidade de Nauvoo, no Illinois, da qual Smith se tornou prefeito. Em janeiro de 1844, ele anunciou sua candidatura à presidência. Em 27 de junho de 1844, porém, ele e seu irmão, Hyrum, foram presos por destruir as prensas de um jornal que os atacava e, então, assassinados por uma turba.

Após sua morte, iniciou-se o êxodo dos pioneiros mórmons até Utah, onde fundaram, no deserto, às margens do Grande Lago Salgado, a cidade de Salt Lake City.

A Igreja declara ter hoje dezesseis milhões de fiéis.

"O REVOAR DOS ANJOS"
Fernand Gregh (1873-1960)

Azul é a sombra e a noite pulsa em tênues lampejos.
No firmamento se espraiam pálidos véus etéreos,
Frementes ao sopro ondulante do mistério.

Os longos véus arrastados dos anjos da terra,
Que, serenos, se alçam aos céus com vagar,
Em silente ascensão que tremula ao luar.

Não ouves no infinito o farfalhar de suas asas?
As estrelas, no acalanto das eternas esferas,
Estremecem ao vento dessas asas pulsantes,

Que, mansamente, em meio às sombras fragrantes,
E ao sol azul e imenso de todas as coisas,
Aventam o silêncio e extasiam as rosas.

O Saint Ange gardien, faites-moi toujours marcher dans le chemin où croissent les lys de la pureté, afin que le regard de Dieu se repose sur mon âme avec amour !
(S.+C.)

BOUASSE-JEUNE   4047   12, PLACE St SULPICE, PARIS

Santo anjo da guarda, faz com que eu sempre trilhe o caminho em que crescem os lírios da pureza, para que o olhar de Deus pouse em minha alma com amor!

BIBLIOGRAFIA

A bibliografia existente sobre os anjos é extensa. Entre as inúmeras obras, aqui estão algumas que me ajudaram na elaboração deste livro:

- *Anges et Démons*, de Rosa Giorgi, tradução para o francês de Dominique Férault. Hazan.
- Obras de Philippe Olivier, publicadas pela Éditions De Vecchi: *Les Anges et les Archanges*; *Les Séraphins et les Chérubins*.
- *Le Réveil des anges, messagers des peurs et des consolations*, de Olivier Abel (org.). Collection Mutations, Éditions Autrement. Para uma visão moderna e panorâmica do fenômeno dos anjos.
- *Encyclopédie des anges*, de Émilie Bonvin. Éditions Exclusif.
- *La Légende des anges*, de Michel Serres. Flammarion. Para um ponto de vista mais filosófico.
- *Traité des anges*, de Édouard Brasey. Le Pré aux Clercs.
- *Les Anges et leur mission d'après les Pères de l'Église*, de Jean Daniélou. Éditions de Chevetogne.
- *A Book of Angels*, de Sophy Burnham. Ballantine Books.

Citações:

p. 50: Charles Baudelaire, "Réversibilité", *Les Fleurs du mal* [As flores do mal].

p. 86: Émile Nelligan, "Le Récital des anges", *Émile Nelligan et son œuvre* [Émile Nellligan e sua obra].

p. 126: Pierre de Ronsard, "Ange divin, qui mes plaies embaume", *Le Premier Livre des amours* [Primeiro livro dos amores].

p. 140: Victor Hugo, "Dans l'alcôve sombre", *Les Feuilles d'automne* [As folhas de outono].

p. 144: Maurice Carême, "Les Anges musiciens", *Le Voleur d'étincelles* [O ladrão de faíscas].

p. 166: Alphonse de Lamartine (trad.), "Chanson d'Amalfi", *Méditations poétiques* [Meditações poéticas, segundo prefácio].

p. 180: Maurice Rollinat, "L'Ange gardien", *Les Névroses* [As neuroses].

p. 192: Fernand Gregh, "L'Envol des anges", *L'ombre est bleue* [Azul é a sombra].

CRÉDITOS DAS IMAGENS

As imagens reproduzidas nesta obra pertencem à coleção particular de Albert van den Bosch (www.collectomania.be), com exceção das seguintes páginas:

© Leemage: páginas 17 (© Costa/Leemage); 27, 149, 155 (© Selva/Leemage); 31, 67, 71, 73, 77, 79, 85, 91, 127, 129, 131, 163, 165 (© Fototeca/Leemage); 65 (© Bianchetti/Leemage); 81 (© Abecasis/Leemage).

© Kharbine-Tapabor: páginas 39, 45, 61, 101, 139, 141, 143, 145; páginas 33, 117, 125 (© Collection IM/Kharbine-Tapabor); 103, 105 (© Jewish Memories/Kharbine-Tapabor).

© DR: página 135.

SOBRE A AUTORA

Nicole Masson tem doutorado em Letras pela Universidade de Paris-Sorbonne e é especialista em história do livro e da poesia do século XVIII. Foi responsável pela biblioteca da Escola Normal Superior de Paris e professora da Faculdade de Letras e Línguas da Universidade de Poitiers.

Atualmente está à frente da Prose, uma empresa de criação editorial que presta serviços para diversos meios de comunicação.